発達障害の子の
子育て相談

4

こだわり行動

理解と対処と生かし方

白石雅一 著

本の種出版
bookseeds

はじめに　――本書の特徴と強み――

自閉スペクトラム症（または、自閉症スペクトラム障害、ＡＳＤと略す）の人たちが表すこだわり行動は、数えきれないほど多数あります。そして、多くの家族や関係者を悩ませ続けています。そのこだわり行動には、変えない、やめない、始めない、という3つの特徴があり、ほうっておくと、増える、固まる、見えなくなる、という状態に陥りやすくなります。

こだわり行動は、物を一定の状態に保ち、動かさないという典型例のほかにも、〝人を変えない〟マンツーマンこだわりや〝自分にとっての一番の人を決めてしまう〟一番こだわり、〝相手に自分好みの返答を求める〟返答こだわり、〝自分の感覚にこだわる〟感覚のこだわりなどもあります。一見、こだわり行動であるとは気づきにくいものとして、偏食があり、独り言があります。前者の偏食は、〝食べ物を変えない〟ことと〝見慣れぬ食べ物は受けつけない〟ことのこだわり行動であり、後者の独り言は、〝自分の発した言葉〟へのこだわり行動です。

このような多面性が災いしてか、海外のある著名な研究者は「こだわり行動は指導上、焦点が定めにくく、成果も上げにくいので、研究の対象から除外している」と告白したことがありました。その人の言葉を待つまでもなく、ＡＳＤの人にかかわる現場では、「こだわり行動は変えられない」とか「パニックが怖いので手がつけられない」「こだわり行動で気がすむのなら、やらせておけばいい」というような「あきらめ」に似た意識に覆われている模様です。これは、とても残念な状況でありますし、危険な事態でもあります。

こだわり行動には、実は、「強み（Strength）」となる側面が秘められています。冒頭に紹介した、こだわり行動の3つの特徴が、そのまま「変えないから、質を保つ」「やめないから、継続性を高める」「始めないから、寄り道せず一途に進める」という「強いアピールポイント」に反転することがあるのです。

そして、こだわり行動は、「変わる！」し「変えられる！」のです。ときに、ＡＳＤの人自らが自分のこだわり行動に飽きて、辟易《へきえき》として、気分を害していることがあります。でも、彼らは自分ではその状況を打開できません。したがって、私たち支援者や彼らの家族がこだわり行動をよく理解して、無理なく、「変わる」「変えられる」ようにかかわって、マネジメントをして、導いていくことが求められています。

この本では、こだわり行動の「問題」に目を向け、その改善のための具体策を例示します。そして、こだわり行動の「強み」にも注目して、それを生かす方法も提示します。さらには、こだわり行動のアセスメントやマネジメントを通して、無理なく「変わる」「変えられる」道筋をお示しいたします。

私は、１９９３年に『自閉症とこだわり行動』を著しました。これは、こだわり行動の基礎研究のみならず、対応が難しいケースへの実践例も豊富だったので、初学者や支援者、家族からも支持され、７回の重版に至るロングセラーとなりました。その後、２００８年に『自閉症・アスペルガー症候群とこだわり行動への対処法』を、２０１３年に『自閉症スペクトラムとこだわり行動への対処法』（ともに東京書籍）を出版して、こだわり行動の多様性を整理するとともに、多くの事例を用いて対処の方法をより具体的に示してきました。また、ワークブックとして、２０１０年に『こだわり行動への対処法 こだわり行動攻略ＢＯＯＫ』と『こだわり行動攻略ＢＯＯＫ 子ども用ワークブック やってみよう！ ためしてみよう！』を特定非営利活動法人アスペ・エルデの会から刊行しています。よって本書は、私にとって、こだわり行動を専門に扱った6冊目の出版物となります。

今回も「こだわりハッピーノート」の自作など〝こだわり〟の本作りに徹していますので、ご活用ください。

２０１８年2月

白石　雅一

発達障害の子の子育て相談④
こだわり行動—理解と対処と生かし方

もくじ

先生、相談です。感覚のこだわりへの対処

先生、相談です。困った、どうしよう!?

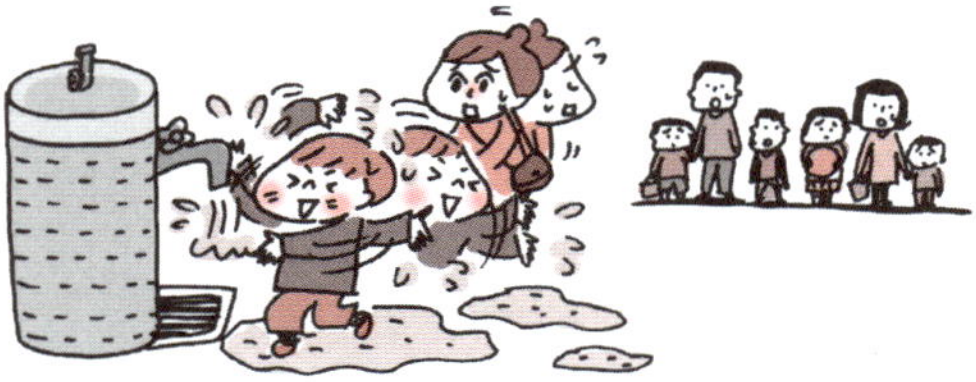

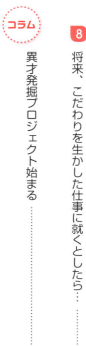

先生、相談です。マネジメントの実際

発達障害の名称について

本書では、発達障害の名称を次の略称で表しています。

- 自閉スペクトラム症／自閉症スペクトラム障害（Autism Spectrum Disorder）→ASD
- 注意欠如多動症／注意欠如多動性障害（Attention-deficit/Hyperactivity Disorder）→ADHD

こだわり行動の基本

先生、相談です。

先生、相談です。

こだわり行動の基本

4歳 女子

ASD

幼稚園に在籍

1 従順な性格ですが、情緒不安定で泣き虫です…

娘は1年前にASDと診断されました。この障害には多動やパニック、人にかみつくといった行動面のイメージがありましたが、娘はおとなしく従順で、人にも迷惑をかけません。ただ、行事のたびにずっと泣いているとか、遊びに出かけた先でも早々に泣き出すなど、情緒不安定で泣き虫のところがあり、気になっています。

ASDには3つのタイプ

今、自閉症は、自閉スペクトラム症（Autism Spectrum Disorder）と称され、ASDと略して表記されることが一般的になっています。

ASDの子をもつ母親であり、著名な研究者でもある英国のウイング女史は、ASDを①孤立型、②受動型、③積極・奇異型の3タイプに分けて説明しました。それによると、①の孤立型は、人との接触を避けるタイプで一般的なASDのイメージを代表しています。②の受動型は、「受け身」の態度が顕著で、ときに人の「言いなり」になって付き従ってしまうタイプです。そして、③の積極・奇異型は、孤

一人離れ、誘っても見向きもしない
誰にも従順に従う

立型のASDとは正反対で自分から積極的に相手にアプローチするタイプです。しかし、その仕方が唐突だったり、独りよがりだったりして、相手を困惑させることも多いので、「積極かつ奇異なふるまい」ということでそう命名されています。

娘さんはどのタイプ？

相談の文面だけの限られた情報ですので、断言はできませんが、娘さんは、「受動型」のASDのお子さんでありましょう。

受動型のお子さんは、相手の指示や命令に従順です。それは、初めての観光地で、「ガイドさんつきの観光バス」を好んで利用することに似ています。実際にそれは、自分でコースを選別してあちこち進んでいける自信がなかったり、迷ったらどうしようという不安があったりする人に向いています。また、限られた時間や経費を無駄なく使う、という点においても合理的で、「観光バス」で旅行することは、当然、悪いことではないのです。

きっと、娘さんはそのような恩恵に浴して育ってきたのでしょう。彼女にとって、それは賢い選択でしたし、ご家族も「育てやすい」と安心されてきたことでしょう。

それでも不安や不満、ストレスはたまってしまう

さて、安心・安全ということで身を託した「ガイドさんつきの観光バス」が、し

かし、予定にないコースを進んだり、トイレ休憩をすっ飛ばしたり、突然、道の駅に寄り道して買い物を迫ったり、という「イレギュラー」な行為に及んだらどうでしょう。少なからず、乗客には、不安や不満、ストレスがたまってきます。さらに、予定になかったイレギュラーなことや、そこで繰り広げられる思いも寄らないハプニングが繰り返されれば、誰しもが怒り心頭に発し文句を言い、抗議をすることになりましょう。

娘さんはＡＳＤのお子さんなので、コミュニケーションの質的な障害をもっていました。よって、お話はできても相手の状況に合わせての意思表示が苦手です。自分の不安や不満、怒りなどの気持ちをどういった状況で、どう表現すればよいのか自信もてなかったことでしょう。

そして、後述のようにＡＳＤ特有の「こだわり」がありますから（6参照）、状況の変化やイレギュラーな環境に際して、変えない（変えたくない）、やめない（やめたくない）、始めない（やりたくない）という、抵抗する気落ちが強くはたらいたことでしょう。

しかし、その気持ちを表に出せないので、堪えかねて、ついには「涙をこぼしてしまう」というのが娘さんの実情でありましょう。

情緒不安定ではなく「状況不安定」が原因

以上のことから、娘さんが「泣く」理由は、「情緒不安定」ではなく、直面する「状況の不安定」が原因だと考えられます。

ASDの子どもからすれば、遠足という行事も家族旅行も「いつ？」「何時に出発するの？」「どこへ行くの？」「どういうコースで行くの？」「休憩はいつ？」「何をしに行くの？」「何で遊ぶの？」「誰と遊ぶの？」「いつ終わるの？」「何時に帰ってくるの？」「ちゃんと帰ってこられるの？」等々、不安だらけの状況にあります。

そして、その説明不足のうえに、「ここでトイレ休憩だ」「ここで遊びなさい」「もうやめなさい」「そっちはやめて、あっちに行くぞ」と大人に突然指示されて、かつまた大人の都合で変更を言い渡される、ことの繰り返し。これに翻弄されてしまうASDの子どもの立場で、こうした状況を考え直してみてください。

「観光バス」の運行に気を配る

ASDの子どもと接していると、「こんな小さなことにこだわっているんだぁ」と驚かされることがよくあります。そして、「そのこだわりを周囲に言えなければ、わかってもらえず、苦しいだろうな」と胸が詰まることもあります。

私たち大人や教員は、ある種、子どもを乗せた観光バスの運転手兼ガイドです。子どもの不安や恐怖を引き起こさないように、事前説明を徹底し、急発進、急ハンドル、行き先変更を戒《いまし》めていきましょう。

先生、相談です。

こだわり行動の基本

小1 男子

未診断

通常の学級に在籍

2 ASDのこだわり行動について教えてください

まだ診断は受けていませんが、発達障害の疑いがあると思います。自分で決めた習慣に固執する傾向もあり、ASDなのかもしれません。ASDの子のこだわり行動について、関係者は「困る、困る」とよく言いますが、ちゃんと説明を受けたことがありません。基礎から教えてください。

こだわりはASDの特性の一つ

ASDは、米国の「精神疾患の診断・統計マニュアル」であるDSM-5によると、「社会的コミュニケーションと対人的な相互関係の障害」、そして、「こだわり行動からなる神経発達障害」です。したがって、ASDの人はみな、こだわり行動を有しているということができます。

このこだわり行動は、「ある特定の物や状況に著しい執着を示し、それを常に一定の状態に保っていようとする欲求に本人が駆られた結果、それが変わること、変えられることを極度に嫌うようになり、行動面において反復的な傾向があらわにな

物の位置を変えない　　予定の変更を受けつけない

ること」（石井・白石、1993）と定義されています。

強迫症や依存症とは異なる

こだわり行動は、反復や執着という側面が「強迫症」や「依存症」と混同されやすいのですが、それらと「こだわり行動」は分けてとらえるべきです。

簡単に説明しますと、強迫症は「やめたくても、やめられない！」という苦しみの感情が伴いますし、依存症は「よくないと知りながら、快感におぼれて、対象の物や行為から抜け出せなくなった」という罪悪感や自己嫌悪にみまわれてしまいます（p63コラム参照）。対してこだわり行動の場合、通常は、そうした苦しみの感情は伴いませんし、罪悪感を感じたり自己嫌悪に陥ったりすることもありません。

反対に、こだわり行動は「楽しさ」や「うれしさ」が伴い、「充実感」や「達成感」をもたらし、ときとして「自己肯定感」につながることもあります。これら「肯定的な側面」を有している点が、こだわり行動の大きな注目点でもあります。

肯定的にとらえて生かそうとする試みも

これまで、ASDの人のこだわり行動は、他害や自傷行為、気引き行動等と同じく「問題行動」とか「行動障害」の中にくくられてきました。しかし、先述のように、こだわり行動を肯定的な側面からとらえ直し、育児や保育、教育の場面で生か

ほかの子が待っているのにやめない

初めての場所には行きたがらない

していくような取り組み（才能教育や異才発掘プロジェクトなど）も始まっています（p46コラム参照）。

こだわり行動には3つの特徴

ＡＳＤの人のこだわり行動には、３つの特徴があります。それは、こだわり行動の代名詞でもある「変えない」と、行動にストップがかからないことの「やめない」、そして、物事を「始めない」の３つ（白石、２０１３）です。

【変えない】 小学校で初めての夏休みを経験する1年生。休みの初日、学校に「行く！」と言い張る子どもがいます。その反対に、長期の休みに入るとその状態にこだわってしまい、休み明けから不登校に陥って、以降、何年も学校に行けない子どももいます。

ＡＳＤの人たちは一度身につけた習慣を「変えない」特性をもちます。したがって、この子どもたちは、これまでの生活が大きく変えられてしまう年度替わりの時期に、ペースを乱し状態を崩すことが多くなります。また、時間割やスケジュールが変えられる行事のたびごとに、混乱状態に陥ることを繰り返してしまいます。

【やめない】 ＡＳＤの子どもは、園庭や校庭で遊び始めるとなかなか園（校）舎に戻ってこられません。プールでは、いくら促されても上がってきません。音楽の授業で使ったリコーダーをやめないで、国語の時間になっても吹き続ける子どもがいます。図工での粘土細工にこだわって、算数の時間でも粘土いじりをしている子どももいます。さらには、休み時間、ぶらんこに乗ったら降りないで、教室に戻る時間に毎回遅れて、いつも叱られている子どももいます。

このようにASDの人たちは、気に入ったことがあると「やめない」特性をもっています。そのことから、物事の区切りをつけることが苦手である、ということができます。したがって、授業やその他の活動での切り替え場面でいつも問題になって、休み時間のたびごとにトラブルに巻き込まれてしまうのです。

【始めない】 初めての場所に慣れるまでに時間がかかり、慣れないと強く拒絶するASDの子どもが多くいます。よって、幼稚園や小学校では、入園入学後の何か月間も母親同伴でないと園や学校で過ごせなかった子どもがいます。また、園児服も体操着も拒んで、ふだん着での生活を押し通した子どももいます。

学校生活が始まって何か月も経過したというのに、鉛筆は持たないし、いっさいノートもとらない（視写しない）というASDの子どもがいます。給食では偏食が強く、受けつけないものが多すぎて、指導に困る子どもがいます。トイレも「家のトイレと違うから！」という理由で、使用を拒む子どももいます。

彼ら・彼女らは、新規な状況や初めての事柄に接すると「始めない」という態度に出る特性をもっています。したがって、新しい学習に乗れず、新しい習慣も身につかないので「発達が阻害されてしまう」危険性が高い子どもたちなのです。

先生、相談です。

こだわり行動の基本

6歳 女子

ASD

幼稚園に在籍

3 こだわり行動には、基本的にどう対応するのがいいのでしょう

いったん言い出したら聞かないので、家でも幼稚園でも、本人の望むように、気のすむように、できるだけやらせるようにして対応しています。小学校に上がる年齢になり、学校との相談もしておきたいと考えています。ASDのこだわり行動への対応について、基本的なことを教えてください。

「変えない」ことへの支援の一例

ASDの子どもの大半は、「変えない」ことで安心し、安定を保っています。また、「変えない」ことで逆境を乗り越えて、自信を得ていく子どももいます。

圭《けい》くん（仮名）は、毎朝のサイクリングが楽しみでした。それが東日本大震災にみまわれ、各所の道路は激しく損傷、誰もがサイクリングは無理だと思いました。本人も先行きの不安とサイクリングができない欲求不満とで、数日間は荒れました。

しかし、父親が先導してくれて、危険個所を回避しての二人三脚でのサイクリングが復活しました。これまでのサイクリングからすれば、父親が加わり、通る道も

風景も変わりましたが、この体験によって、圭くんの状況変化への対応力は向上し、父親への信頼感も深まりました。その後、圭くんはがんばって自転車での高校通学を皆勤で成し遂げて、父親の勧めで自動車の整備工場に就職することができました。

このように、強い欲求のエネルギーを「こだわり行動」に集約して大成するASDの人も多くいます。車へのこだわりから中古車のディーラーになって販売事業で成功した人、音へのこだわりからピアニストとして名を残した人、紙切りへの強いこだわりから切り絵作家になって大成した人、水へのこだわりが水洗いや清掃に向いていき専門職に就いた人等々、こだわり行動は、ASDの人を助け、発展に導くことも証明されています。

「やめない」ことへの支援の一例

幼稚園児花《はな》ちゃん（仮名）は、ぶらんこに乗ると、楽しくて楽しくて、降りる気になれませんでした。それではほかの子が困るので、担任の先生が「先生が抱っこして揺らしてあげる」と彼女の体を大きく揺らしてあげました。花ちゃんは「もっと！　もっとぉっ！」と何度も何度も、先生に要求し続けました。それに快く応じて、何度もつきあった先生が「もっとやりたい人は、一度お休みして、お部屋に帰って、みんなとお勉強したら、もう1回、できますよ」と提案しました。すると、花ちゃんは、素直に先生から降りて、教室に向かって歩いていったそうです。

「やめない」ことは、それだけ強い欲求が示される分、「交換条件」が有効になることがあります。頭ごなしに叱ったり、強制的にやめさせたり、はたまた「鬼が来るよ！　おやつがなくなるよ！」と脅かして無理強いするのでもなく、子どもが納得できるような状況をつくって「交換条件」を提示すること。これがポイントです。

「始めない」ことへの支援の一例

隼人《はやと》くん（仮名）は、これまで幼稚園での行事にいっさい参加しないまま、就学時期を迎えました。それを聞いた小学校の先生方は、就学前に何度も園を訪れては隼人くんに声をかけ、一緒に遊んで、彼の警戒をといていきました。入学式の練習風景を事前に見せて、座る位置も我慢する時間も、現物や絵カードで具体的に繰り返し提示していったのです。式には、お父さんは黒の背広で、お母さんは紺のブレザーで参列することも写真で示しておきました。体育館の反響音が予想以上に厳しい場合に備え、関係者の了解を得て隼人くんが愛用するイヤマフも用意しました。

そして、入学式当日がやってきました。隼人くんは周囲の不安をよそに、ちょっと耳ふさぎをしただけで、入学式を乗り越えたのです。

この一連の指導を主導した教頭先生が教員の反省会で「初めての事柄が苦手なASDの子どもには、事前に、どれだけ具体的に、かつわかりやすく提示できるか、が問われています！」と締めくくりました。

支援の要点は…

以上に示した3つの支援の要点をまとめると次のとおりです。

【ルーティンの中に、緩やかに変化を加える】「変えたくない」という彼らの気持ちをまず受け止めて、頭ごなしに叱ったりむげに禁止したりせず、彼らのルーティンをよく観察しながら、安心させたうえで、少しずつ変化を加えて、より適切な方向へと導いていきます。これは、慣れと耐性をつくる、ということでもあります。

【交換条件を提示して、やりとりする】「やめたくない」という強い意志に注目して、それを利用（活用）します。具体的には、「それでは、あと10回やらせてあげるから、終わろうね」とか「タイマーが鳴るまで遊んでいいよ。それで、ピピッと鳴ったらおしまいにしようね」と「交換条件」を提示し、「やりとり（交渉）」をして、納得させることが大切です。これは、子どもの「気持ちの切り替え」のみならず人とのコミュニケーションの練習にもなるので、とても大切なポイントです。

【見通しをもたせる】 わからないこと、慣れないことへの「不安」を人一倍感じ、また、そうした条件下での失敗体験ばかりがフラッシュバックするので「始めない！」という拒否反応に出るのがＡＳＤの子どもたちです。だからこそ、事前に具体的に、繰り返し説明をして、十分に彼らの理解と納得を取りつけてから、新たな状況に参加させていきたいものです。成功体験が蓄積されれば、「始めない」は減っていきますし、「変えない」「やめない」にもよい影響を与えていくものなのです。

先生、相談です。

こだわり行動の基本

小４ 男子

ASD

通常の学級に在籍

4 こだわり行動は、いったいどれくらいあるの？

ＡＳＤのこだわり行動は、たくさんあると聞いています。そしてまた、周囲からはわかりにくいこだわり行動もあると聞きます。うちの子も心配なので、教えてください。ちなみに、うちの子どもは恐竜が大好きで、関連商品を見つけると見境もなく必ず欲しがります。

こだわり行動は十人十色。しかも複数もつ

ＡＳＤの子どものこだわり行動は、多種多様で、しかも個々人で数も内容もまったく異なります。十人十色ということです。私が数えたところ、ＡＳＤの人の表すこだわり行動の総数は、400に近い数がありました。

ある子どもは、体験する物事がすべて、こだわり行動の対象になってしまうので、日々、こだわり行動の数が増え続けて、一人で何百ものこだわり行動を起こすに至っていました。ここでは、ＡＳＤの子ども3人にスポットを当てて、それぞれのこだわり行動を見ていきましょう。

健太くんの場合

健太《けんた》くん（仮名）は、通常学級に在籍する4年生の男の子です。車が大好きで、自家用車からスーパーカー、働く車、工事用車両、自衛隊車両などにも精通していて、目の前を通り過ぎた車両すべての名称とメーカー名、年式をも言い当てることができました。車関連の本や雑誌、ちらしを常に持ち歩いて、車のことばかりを考えている様子でした。そして、人と話す際も車のことばかり話題にしていました。また彼は、意中の車両を見つけると一目散に駆け寄っては、なめ回すように見てまわりますから、車の持ち主から不審がられて、幾度となく苦情を受けていました。

人呼んで「車博士」と称された健太くんには、この車へのこだわりのほかに、たくさんのこだわり行動がありました。それを次に紹介します。

食事では、①白いごはんを拒絶する、②白いごはんは特定のふりかけをかければ少しだけ食べる、③真水は飲まない、④牛乳は飲まない、⑤特定のメーカーのミネラルウォーターや特定の炭酸飲料を好んで飲む、⑥野菜はいっさい食べない、⑦魚は刺身しか食べない、⑧タコやイカは刺身でも食べない、⑨貝類もいっさい食べない、⑩食パンは耳がついていると食べない、⑪麺類は特定のメーカーの素ラーメンだけを好む、⑫そばやうどん、パスタは食べない、⑬揚げ物は好きだが魚のフライは食べない、⑭豚カツは好きだがチキンカツは食べない、⑮ハンバーガーショップではフライドポテトしか食べない、⑯フライドポテトも皮つきは食べない、⑰ミカ

ンは缶詰のミカンしか食べない、⑱ブドウやスイカの種は注意しても吐き出さない、⑲一品食いで食事をとる、⑳昔から使っている特定のスプーンを毎食使いたがる等々、20ものこだわりがありました。

その他、生活面では、㉑くるぶしにかかる靴下は履かない、㉒屋内で靴下を履いていられずすぐ脱ぐ、㉓爪を切らせずかんですませる、㉔耳掃除を嫌う、㉕襟のあるシャツを避ける、㉖特定の色のシャツだけを好む、㉗洗い立てのハンカチを嫌い使い古しのハンカチを毎日持っていく、㉘使わないノートや教科書も毎日持っていく、㉙給食の献立を毎朝細かくチェックしないと気がすまない、㉚集団登校では先頭でないと気がすまない等、学校に行くまでも家族は大変な思いをしています。

健太くんの学校でのこだわり行動は、㉛真っ先にぶらんこに乗って降りようとしない、㉜教室内では内履きと靴下を脱ぎ捨てる、㉝長い鉛筆では書かないと決めている、㉞ノートはとらないと決めている、㉟小テストや課題を一番に提出できないと暴れる、㊱工作が終わって別の授業になっても工作を続ける、㊲音楽が終わって別の授業になっても笛を吹いている、㊳ふだんと違う授業参観や実習生を受け入れられず教室を飛び出してしまう、㊴給食では揚げ物やハンバーグ等の限られたものしか口にしない、㊵休憩時間は我先にと図書室に行き毎度同じ場所で同じ本を読む、㊶掃除は当番でもやらないと決めている、㊷トイレもはだしで行ってしまう、㊸体操着は着ないと決めている、㊹体操帽をかぶらないと決めている、㊺特定の子の言動にいちいち腹を立ててつっかかる、㊻毎日下校時に寄り道する場所が決まっていて帰宅が遅くなる、等で多方面において先生方を困らせていました。

そして、家に帰ってからは、㊼決まったチャンネルのテレビしか見ない、㊽嫌いなCMが流れるとテレビのスイッチを切る、㊾宿題は母親がマンツーマンで教えないとやらない、㊿風呂で頭は自分で洗わない、等のこだわり行動がありました。

つまり、健太くんには日常的に50ものこだわり行動が生じていることがわかりました。これらに加え、運動会や遠足などの行事時に生じるこだわり行動や季節ごと、外出先ごとに生じるこだわり行動がありますから、実際の数は計り知れません。

翔くんの場合

翔《しょう》くん（仮名）は5年生で特別支援学級に在籍しています。その翔くんは、①ブルーのTシャツしか着ない、②教室でも帽子を脱ぎたがらない、③ランドセルを床に直置きする、④給食では食べ物をかまずに飲み込む、⑤周囲の女の子の髪の毛を触りたがる、⑥先生たちが下げているネームプレートを読みたがる、⑦唾をため込む、⑧たまった唾を授業中でも流し場に吐きに行く、等々のこだわり行動を有していました。なかでも⑦と⑧のこだわり行動には、先生方は手を焼いていました。

このような翔くんでしたが、地域の野球チームに所属して毎日練習に励む野球少年でした。彼は父親とともにプロ野球の観戦に行くことをとても楽しみにしていま

した。母親は「二人とも、野球にこだわっている!」と笑って言いました。

咲さんの場合

咲《さき》さん（仮名）は、小学校の通常学級に在籍する4年生です。1年生のときに知的な遅れを伴わないＡＳＤ（旧アスペルガー症候群）と診断を受けています。

彼女は勉強がよくでき授業態度もしっかりしていて、宿題もきちんとやってきて、忘れることなどありません。したがって、テストはどの教科も100点ばかりで、「一番!」の座を守り続けていました。

彼女の「一番」に対する思いは強烈で、「完璧な取り組みをして、負けることがない」ということで、ある力士（横綱）のファンになり、相撲観戦と歴代横綱のイラストを描くことを趣味としていました。

しかし、体育や運動は苦手で、徒競走やマラソンでは「一番」をとることができませんでした。すると、彼女は露骨に悔しがって、半日も泣き続けたあげくに、慰めようとするクラスメイトに暴言を吐き続けたのでした。

ある日、テストで単純ミスをして満点がとれないことがありました。彼女は地団駄を踏んで悔しがり、即座に答案用紙を引き裂いてほうり投げ、教室から出ていくという事件を引き起こしました。以後、彼女の保健室登校が始まりました。

後日、担任の先生は、咲さんの主治医から、彼女が「一番こだわり」の持ち主だと知らされました。

理解と対応のヒント

健太くんのこだわり行動の特徴は、その数の多さにあります。しかし、これに目を奪われてしまうと、彼が「車が大好き」で「博学である」という「長所（アピールポイント）」を見失ってしまう恐れがあります。こだわり行動は、健太くんの場合のように、周囲が困ってしまうものもあれば、長所となるものもあります。そして、長所となるこだわり行動を認め、伸ばし、発展させていくことで、適応行動が増えて、反対に周囲を困らせるこだわり行動が減っていく、という教育効果も期待できます。これは後述するように「強み」にもなるのです（7参照）。

翔くんの場合は、こだわり行動が感覚の世界に向けられやすく、見えにくくなって対応も難しくなるケースでした。このようなタイプのこだわり行動は、なおさら、ほうっておいてはいけません。こだわり行動が増えないように、固まらないように、そして、見えなくなる前に、適切に対処していきましょう（9以降参照）。

咲さんの特徴である「一番こだわり」は、こだわり行動のなかでもよく知られたものです。しかし、実のところ、理解も対応の仕方も曖昧なままで、それが咲さんの保健室登校につながりました。別の項で理解と対処を解説します（25 26参照）。

先生、相談です。

こだわり行動の基本

4歳　女子

未診断

保育園に在籍

5 定型発達の子どもにもあるの？どう違うの？

娘は、授乳期に使っていたガーゼのハンカチがいまだに手放せません。ASDに特有といわれるこだわりなのでしょうか。でも、一般的な子どもたちにもこだわりはあるようです。それは生活に支障をきたさないものなのでしょうか。また、ASDの子のこだわり行動とどう違うのでしょうか。

こだわることの大切さ

人の赤ちゃんは、特定の人に愛着を示して、こだわるからこそ、そのかけがえのない親から愛情を注がれて、成長・発達を遂げていく生き物です。また、赤ちゃんは一定の期間、周囲のおもちゃなどに執着することで、自分のペースでじっくりとその物を触り、なめて、かんでみて、その物を認識（認知）することができるようになるのです。

したがって、ASDの子どものみならず、定型的に発達する子ども（定型発達の子ども〈コラム参照〉）にとっても、こだわりは、欠かすことのできない発達・成

長のためのはたらきを担っています。

ライナスくんの安心毛布の意味

世界的な人気まんがである『ピーナッツ』には、スヌーピーとともにライナスくんが登場しています。彼は、いつも親指をしゃぶって、古びた毛布を肌身離さず持ち歩くことで知られています。

この親指へのこだわりは、お母さんのおっぱいを吸っていたことのなごりで、子どもにとっては〝自分の命を育んでくれたお母さん〟への追慕の気持ちの表れです。まんがでライナスくんは親指をずっとしゃぶっていますが、一般的にはどの子も必ず、この指しゃぶりから卒業していきます。また、毛布へのこだわりも多くの子どもの成長過程に見られる現象です。子どもによっては、毛布の代わりに縫いぐるみであったり、タオル地のハンカチであったりしますが、意味は同じです。

それでは、子どもがその毛布等にこだわる意味とは何でしょうか。

先に述べたように、子どもにとって親からの愛情は欠かすことができません。しかし、これは〝形ある物〟ではなく、親の行為や言動で表され、子どもに伝わっています。したがって、子どもは、親と離れる際に、愛情の対象を一時的にでもあれ失うわけですから、強い不安に陥ることになります。

そのとき、子どもは、「ママがいなくても、ママの愛情はここにあるから、大丈

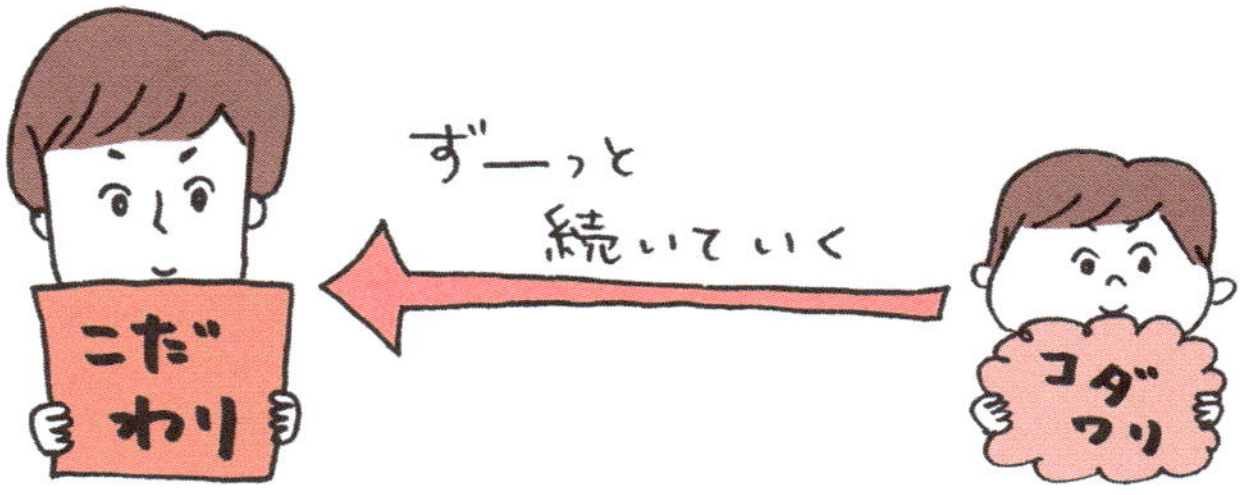

夫！」という意味を込めて、毛布や縫いぐるみに「親の愛情を移行」させて「形ある物」として大切に扱うのです。

これを世間では「安心毛布」とよんでいます。そして、一般的にこの安心毛布は何年も続くことはなく、一過性のものとして卒業を迎えていきます。

ASDのこだわり行動は永続性あり、そして生得的特性

定型発達の子どもの多くが見せるところの「指しゃぶり」や「安心毛布」は、一過性のものであるのに対して、ASDの人のこだわり行動には、永続性があります。ASDの人のこだわり行動の対象はいろいろと変わりはしますが、「こだわる」こと自体は「卒業」を迎えることはなく、ASDの人の生活にあり続けます。

ASDの人のこだわり行動を「愛情不足だから物や人にこだわる」と言う関係者もいますが、それは間違いです。ASDの人のこだわり行動は、ASDが生まれもった障害であるのと同じく、生得的な特性であって、愛情が不足する経験や環境によってもたらされる後天的なものではありません。

コラム

「定型発達」という言葉

健常とか健常者という言葉がゆらいでいます。

以前、世間では障害をもたない人のことを健常者と称してきました。ここで用いられた「健常」という言葉は、障害がないから健康で優れているという、偏見と差別を含んだ一方的な思い込みであると指摘されてきました。

また、視力が弱いとか足が不自由という部分的な障害でもって「健常ではない」という見方をすることで、障害者差別を助長しかねない、という反省も起きました。

さらに、発達障害の周知によって、障害と健常の境がきわめて曖昧になってきました。

そして、「健常」に代わるべく登場したのが「定型」と「定型発達」という名称です。これは、「標準サイズ」とか「標準サイズの発達」という意味合いで、あまり語弊を生じさせないので、福祉の世界や教育界でも進んで用いられるようになっています。

こだわり行動の怖さと強み

先生、相談です。

先生、相談です。

こだわり行動の怖さと強み

6歳 | 男子 | ASD | 保育園に在籍

6 こだわり行動はほうっておいてはいけないの？

「こだわり行動なんて、ほうっておけばそのうち飽きるから大丈夫」とか「飽きるまでやらせれば、満足してやめる」と言う人もいますが、放任や好き放題の対応で本当にいいのでしょうか。先輩の家庭などでは、それで大変な状況に陥っているケースを多く見ます。

放置すると怖い場合がある

こだわり行動は、専門家の間では、強度行動障害の大きな要因としても知られています。しかし、こだわり行動の専門書や解説書は少ないので、実際の怖さは一般にはあまりよく知られていません。ここでは、こだわり行動を放置した場合の怖さを説明します。そして、9で改めて、対処の仕方を解説します。

増える、固まる、見えなくなる

ASDの子どもは、こだわり行動のほかにも社会性の障害やコミュニケーション

の障害を生まれつきもっています。そして、保護者や教師たちは、社会性の障害には「ソーシャルスキルトレーニング」などを実施して、その改善をめざします。また、コミュニケーションの障害に対しては、「発語促進」や「コミュニケーションプログラム」「PECS（絵カード交換式コミュニケーションシステム）」などの訓練を施して、発語や会話の促進に努めています。

それらに比べ、こだわり行動についてはどうでしょう。ASDの子どもたちのこだわり行動は、その多種多様性が影響してか、本格的な取り組みがなされにくく、「ほうっておく」とか「見守る」などという消極的なかかわりがめだちます。これは、ゆゆしき状況です。事実、ASDの子どものこだわり行動は、そのままほうっておくと、こだわりの対象が「増える」こと、そして、こだわり行動自体が強く「固まる」ことがよくあります。さらには、こだわり行動の対象が自分の感覚に向けられて、外からは「見えなくなる」ことがあり、注意が必要です。

ASDの子どものこだわり行動は、「増える」「固まる」「見えなくなる」という恐るべき特徴をもっています。それを理解しないで、「注意しても変わらないからあきらめた」「本人の意思だから見守る」「好きなのだから好きにさせればいい」などという消極的かつ不適切な態度で接していると、事態はますます深刻化していきます。

まず、その実態を見ていきましょう。

「増える」

雄大《ゆうだい》くん（仮名）はＡＳＤで地域の小学校の特別支援学級に通う1年生です。その彼は、週に2日、火曜日と金曜日に放課後等デイサービスを利用していました。放課後等デイサービスは、雄大くんの場合のように、曜日を決めて利用する利用者が多いので、集うメンバーが曜日ごとに異なったりします。その結果、子どもたちの過ごし方も、居場所も、使うおもちゃや教材も、曜日によって違うのがあたりまえのようでした。

その環境の中、雄大くんのこだわり行動は「火曜日には、最初○○を使って○○くんと遊んで、○○時になったら職員の○○さんに宿題を見てもらい、○○のおやつを2個必ず食べて、○○時に○○のテレビＣＭを視聴してから、○○のおもちゃで遊んで、○○時にお迎えで帰る」、「金曜日は、まず先に職員の□□さんに宿題を見てもらってから、□□のテレビ番組を15分だけ見て、□□のおやつを1個食べてから、□□のおもちゃで遊び、そのあとにもう1個のおやつを食べ、決まった□□の本を読んで、□□くんと一緒に絵を描いて過ごして、□□時のお迎えを待つ」というように、曜日ごと、時間ごと、かかわる人ごとに「増えて」いったのでした。

それを知った雄大くんの母親は、「放課後デイの利用をもう1日増やそうと思いましたが、こだわり行動がまた増えるかと思うと、二の足を踏みます」と言いました。

「固まる」

ＡＳＤの人のこだわり行動は、物事を「同一に保っていたい」という欲求が根っこにありますから、そこに加えられようとする「変化」への刺激に、みな過敏に反応します。その多くは、「阻止」や「回避」「逃避」そして「攻撃」などの「防衛的な行動」に表されます。変化の多い現代社会。ＡＳＤの人たちの防衛的な行動は自然と強められ、結果、こだわり行動もどんどんと固まっていきます。

雄大くんには野菜嫌いの偏食もあり、カレーライスも野菜を取り除いてからでないと手をつけない、というこだわり行動になっていました。それで母親が工夫をして、じゃがいもはすりつぶす、玉ねぎとにんじんはみじん切りにして煮込んでわかりにくくする、という工夫をしましたが、雄大くんは目ざとく野菜類を見つけては皿の外にのけ続けたそうです。

この体験の結果、雄大くんは次の「カレーの日」に、台所に立って母親の「隠し味」たるじゃがいもや玉ねぎ、にんじんの投入を阻止したといいます。それでも雄大くんの不信感はとけなかったのでしょう、彼は家で出されるカレーライスにはいっさい手をつけなくなって、給食でのカレーライスも拒むようになっていきました。

「見えなくなる」

幼稚園時代にトイレの自立が確立した雄大くんですが、小学校に上がってから、

お漏らしが増えてきました。それで担任の先生が小まめに声をかけてトイレに誘うようにしましたが、雄大くんはそのつど「出ない」と帰ってきてしまい、そのあとにお漏らしをするという繰り返しでした。困り果てた先生方からは、「大人をからかっている！」という怒りや、「体の病気かもしれない」という不安の声があがりました。

やがて、授業を参観した教頭先生が、この憶測を否定する場面に遭遇します。それは、授業中に雄大くんが股間に手を当てながらもじもじとして、必死に何かをこらえている様子が見られたからです。「おしっこを我慢している」と瞬間的に察した教頭先生が「雄大くん、さぁトイレに行こう！」とトイレに連れ出しますと、雄大くんはすんなりと便器におしっこをして、お漏らしを回避することができたのでした。

教頭先生は、その日の職員会議で「雄大くんはおしっこをぎりぎりまで我慢することに決めてしまっているようだ」と報告しました。つまり、雄大くんは、「おしっこのぎりぎりこだわり」で、感覚的に「我慢の限界」点に達しないと「排尿しない」と自己のルールを決めてこだわってしまっているのでした。

感覚のこだわりが高じた例はほかにも…

また、ＡＳＤで特別支援学校小学部２年生の徹《とおる》くん（仮名）の場合は、「空腹の感覚」にこだわって、食べ始めるまでに長い時間を費やしました。彼は「いただきます」の合図が示されても、ほかの子どもたちが食べ始めてもおかまいなしで、ただじっとして、自分が「おなか減った」という感覚になるまで、待ち続けるのでした。

そこに担任の先生が促したりせっついたりしても、無視されるか、差し出した手を払い除けられるのが関の山でした。ときに徹くんは、給食の時間が終わっても一口も食べない状態で、自分の感覚を「待っている」ために、片づけができずに問題となりました。

先生、相談です。

こだわり行動の怖さと強み

小2	男子
ASD	
通常の学級に在籍	

7 こだわり行動は「問題」だけですか

息子は、ふりかけにこだわったりウルトラマンの変身ポーズにこだわったりと、対応が大変です。でも一方で、世間では、味へのこだわり、技へのこだわり、こだわりの一品、こだわりの〇〇、というように、「こだわる」ということは、好ましい面や独自性を示す意味もあって、「問題」だけではなさそうに思うのですが……。

「こだわり」のよいところ、それは「強み」

ＡＳＤの人の表すこだわり行動は、6でも紹介したように、「放置したり、放任したりしていると、〝増える〟〝固まる〟〝見えなくなる〟という怖さ」をもっています。それらは、問題行動の温床になり増殖にもつながります。

しかし、本来「こだわる」ことには、「１つのことに集中する」「脇目も振らず一心不乱に取り組む」「いくらやっても飽きない」「ずっと継続する」という肯定的な意味が含まれていると思います。

また、「こだわり行動」の３つの特徴（「変えない」「やめない」「始めない」）を

思い返してみますと、それらにも、「よい面」がたくさん含まれていることがわかってきます。具体的には、「変えない」から「品質やルールや伝統が守られる」、「やめない」から「作業や仕事が継続、維持できる」、「始めない」から「よけいな混乱を引き起こさない」、「〝二兎《にと》を追う者は一兎《いっと》をも得ず〟にならない」等々です。

つまり、ASDの人のこだわりやこだわり行動は、その人の「強み」としてのアピールポイントにもなるのです。

問題行動と「強み」

亘《わたる》くん（仮名）はいわゆるゲームオタクの高校1年生です。ASDの診断もあり、ゲームを始めるとやめられなくて、毎夕、毎晩、「いい加減にやめて夕飯にしなさい！」「風呂に入りなさい！」「宿題をして寝なさい！」と叱られ続けていました。当然、両親は「うちの亘は、ゲームがすべての問題児だ」と常に嘆いていました。

そんなある日、自宅で急ぎの仕事をしていた父親がパソコンをこわしてしまい窮地に追い込まれました。わらにもすがる思いで父親が亘くんに修理を頼むと、亘くんは不眠不休の作業の末、夜明け前にはみごと、父親のパソコンを復旧させてみせたのでした。「これで出勤までに書類が書ける！」「仕事に穴を開けずにすんだ！」と喜ぶ両親は、「〝やめない〟精神は見上げたもんだ！」と彼を絶賛したのでした。

このように、こだわり行動の「問題」と「強み」は、表裏一体、コインの裏と表

の関係にあります。こだわり行動に接して「困った、困った」「問題だ、問題だ！」と言って頭ごなしに押さえつけたり、除去や排除に走ったりすると、こだわり行動の「強み」までも見失ってしまい、その人の可能性や未来をも奪いかねません。

ＡＳＤの人のこだわり行動が「見方や接し方を変えると〝問題〟にならないかもしれない」とか「状況の変化や導き方によっては〝強み〟としてアピールできるかもしれない」と考えて、一時、立ち止まって、そのこだわり行動を見直してみてください。亘くんのような頼りになるゲーマーが埋もれているかもしれません。

こだわり行動と満足

絵美《えみ》さん（仮名）は、小学校の特別支援学級に在籍するＡＳＤの女の子です。５年生になってから、通級を利用しての個別指導を受けるようになりました。

彼女は、一度でも体験したことにはこだわって、執拗《しつよう》にそれを求めては、かなわないと不機嫌になって物をこわしたりします。当然、通級の教室にもこだわって、やってくるといちいち備えつけの本棚や教材棚をチェックしてまわり、不足物があると大騒ぎしました。教材教具にもこだわって、前回の授業で使ったものを見せるように求めます。「今日は使わないから持ってきていない」と説明しても通用しないので、先生は授業を中断しては教材庫に走ることが続いていました。

先生が特別支援教育コーディネーターに「ことごとく再現するのは土台無理！」

とさじを投げると、コーディネーターは「プロの棋士は、棋譜を全部覚えていて忠実に再現できるもの」と言ったそうです。それに触発された先生は、絵美さんの触った本や玩具、授業で用いた教材教具等をすべて記録するようにして、次回には完全に提供できるように準備したのです。すると、ニッコニコの笑顔で落ち着いて授業を受け続ける絵美さんの姿が現れました。先生が「満足かい？」と尋ねますと、絵美さんは「うん、満足、満足」と笑って答えたそうです。先生は「大変だけど、ここまで絵美さんが喜んでくれるのなら、やりがいがある」と感想を述べました。

それから1か月が過ぎた頃、絵美さんは通級の先生を信頼し、教室にも慣れて、「教室へのこだわり」が見られなくなりました。先生は、コーディネーターに「満足すればこだわり行動は卒業することもある」と報告したそうです。

将来有望な職人、研究者の卵？

こうしたこだわりのよい面や肯定的な側面を体現しているのが、まさしく、「伝統文化を継承してきた頑固で一徹な職人さん」であり、「自分の探究心にのっとって突き進む研究者」なのではないでしょうか。

特別支援教育の世界に目を向けますと、「将来を嘱望される職人さんや研究者の卵」がたくさん学校で学んでいることと思われます。残念なのは、それに大人が気づいてあげられない、ということです。

先生、相談です。

こだわり行動の怖さと強み

小4 男子

ASD

通常の学級に在籍

8 将来、こだわりを生かした仕事に就くとしたら…

こだわりは、生まれつきの特性によるものだそうですが、そう言われると納得できる部分もあり、いくらか気が楽になりました。知的な遅れはそれほどなく、将来は何らかの仕事には就けるだろうとも考えています。ただ、職種はそれなりに限定されそうですね。どういうふうに心がまえをしておけばいいでしょうか。

ASDの人のこだわりが強みになる職種がある

ASDの人は、コミュニケーションの質的な障害や対人関係の障害があるので、「コミュニケーション能力が要求されない」「対人的な接触も少ない」職種や職場の環境が勧められています。

この「障害」＝「引き算」という観点に対して、ASDの人のこだわり行動は、逆の「プラス効果」としてはたらく場合が多いので、注目すべきです。

働くことに対して、こだわり行動がプラスにはたらくのは、こだわり行動の3つの特徴である「変えない」「やめない」「始めない」そのものです。彼らは、ルーテ

イン、すなわち「変えない」作業や仕事が得意です。雇用主が「品質も工程も変えたくない」と願うなら、ASDの人はもってこい、です。ASDの人は「やめない」ことも身についていますから、勝手に職場を放棄して休んだり、怠けたりしません。これも大きなプラスの面です。そして、「始めない」の特徴は、作業や仕事において、「よけいなことを始めない」という点で、管理者の信用を得られます。

つまり、ASDの人は、職種や働く環境を選んだなら、こだわり行動が「強み」となって、本人のみならず、会社にも利益をもたらすのです。

どんな職種が向いているかというと…

では、どのような職種が向いているのでしょうか。例をいくつか紹介します。

【ホームセンターや家電量販店でのバックヤードの仕事】 家電マニアで電化製品に精通している人や、物の位置にこだわって定位置に戻したがる人に向いています。ただし、仕事の範囲をバックヤード内にすることが肝要です。

【古書店の整理係や在庫管理】 本好きな「きちっとくん」や「きちっとさん」に向いています。

【古着屋やリサイクルショップの整理係や在庫管理】 衣服にこだわりがあって、流行や価値、値段に詳しい人で物の置き場にもこだわりのある人に向いています。

【品質の点検】「変えないこだわり」があって、物の質や味、見た目の違いがよく

わかる人に向いています。

【タイムキーパー】 時間にうるさく、「きちっとくん」「きちっとさん」で、他人の都合や言動に左右されない人が向いています。

【車の整備士】 車好き、車マニア、エンジンマニアに向いています。特定のメーカーの車だけを扱うディーラーならなおよいと思います。

【清掃員】 水の感触や水遊びが大好きで、これが高じて水を使った作業や仕事に夢中になれる人が向いています。

【コーヒーの焙煎《ばいせん》】 車輪やハンドルをグルグル回していることが大好きで、併せてコーヒーの香りや味、製法に興味があって、焙煎の長い工程に飽きない人が向いています。

【動画職人】 動画マニアで見ること以上に動画作成が好きな人で、「やめないこだわり」が強く、動画作成にかけては労力をいとわない人向き。

【まんがやアニメの制作アシスタント】 まんがやアニメが好きで、描くこと自体が大好きで、与えられた題材を丹念に仕上げていくことが喜びとなる人向き。

【ゲーマー（eスポーツのプロプレーヤー）】 コンピューターゲームを介して複数のプレーヤーと点数や技を競う、エレクトロニック・スポーツ（eスポーツ）が大流行しています。おもにインターネット経由で行うのでASDの人に向いているスポーツです。将来、オリンピック競技に加えることも検討されています。

【芸術家】 人の評価を気にすることよりは、自分の感性や思いに従って描き続けたり、作り続けたりできる人に向いています。

【作家】 モラルや社会的通念、前例やしきたりにとらわれない発想があって、それを原稿用紙やパソコンで表現できる人に向いています。

【研究者】 好きなテーマにならば寝食を忘れても飽きずに取り組める集中力と持続力をもち、何があっても追究心を失わない人が向いています。

【コレクター（美術品等）】 これと決めたら自分の嗜好や価値基準にのっとって、一定のものを追求し蒐集《しゅうしゅう》し続けることができる人が向いています。その前提としては、一定額の収入やある程度の財力が必要にもなります。

また、注意したいのは、ルーティンの仕事内容が大半を占め、ほとんど変化や変更がない職場環境であること、対人的な接触については単純なマニュアルで対応できる環境であること、といったことがあります。職種だけでなく職場環境に気をつけたいものです。

コラム

異才発掘プロジェクト始まる

中邑《なかむら》賢《けん》龍《りゅう》氏（東京大学先端科学技術研究センター教授）は、オールマイティーから脱却し、多様な教育をしないと、日本から世界レベルの偉人は誕生しなくなる、ということで、「異才発掘プロジェクト・ＲＯＣＨＥＴ（Room of Children with Kokorozashi and Extraordinary Talents〈志と突出した能力のある子どもたちの居場所〉の略）」を立ち上げました。

そこでは、全国から選ばれた異才を放つ子どもたちに対して、「枠にはめない」主体性に任せた自由な教育が実践されて、注目を集めています。

そして、ここに集う「異才」たちはみな、障害やハンディを逆に生かして、強みを伸ばしている子どもたちで、その面でも大きな注目が集まっています。

先生、相談です。

感覚のこだわりへの対処

先生、相談です。

感覚のこだわりへの対処

小3 | 男子 | ASD | 特別支援学級に在籍

9 感覚へのこだわりが複数、手ごわくあります！

感覚へのこだわり行動に対する対応を教えてください。特に排泄《はいせつ》と唾吐き、食事時間に困っています。排泄はずっと我慢している様子ですし、唾はめいっぱい口にためています。食事に関しては周囲に合わせた食べ方ができないで、自分が食べたい、と感じる瞬間をずっと待っています。

感覚を「見える化」して

4 6 でも紹介しましたが、ＡＳＤの人の「感覚」へのこだわりは、周囲にはわかりにくいのですが、実は多くあります。相談のお困りのケースは、それらを一人で複数もってしまった事例ですね。

まずは「自分の感覚にこだわって、排泄を我慢している」ことへの対処を考えます。私たちが催す「尿意」や「便意」は、感じるものであって、見えるものではありません。当然ながら、他人からは見えませんし、多くの場合、うかがい知ることも困難です。この「見えない感覚」へのこだわり行動は、「見える化（可視化）」し

て対処することをお勧めします。

具体的には、

① おしっこはたまっていません
② おしっこが少したまってきています
③ おしっこがたまってきていますが、まだ出ません
④ おしっこがたくさんたまってきています。トイレに行けば出ます
⑤ おしっこがたまりすぎて、すぐ出ます

という5種類の文字カードを用意して、適宜、お子さんに「今はどんな感じ？」と「現在の感覚」について尋ねていきます。お子さんが①や②や③を選んだ際は、「またあとで聞くけど、そのときにおしっこがたまっていたら、トイレに行っておしっこしようね」と先の行動を暗示しておきます。そして、お子さんが④や⑤を選んだとき、「さぁ、トイレに行って、おしっこしておいで」と背中を押してあげてください。学校の場合は、できたら同性の先生が最初はトイレに付き添って、排尿を見届けて「よくできたね！」とほめてあげると、より効果的です。

以上の過程は排便でも同じです。

唾ため、唾吐きには物理的作戦

唾を飲み込む嚥下《えんげ》の感覚にこだわって、「唾を飲み込まない」と決め、口の中に

ため込んで、定期的に外（手洗い場やトイレ）に吐き出す、という一連の「感覚こだわり行動」。しかし、厳密には完全に唾を飲み込まないことはできません。唾を吐き出した直後にわき出てくる唾は、自覚しないうちに飲み込まれているのです。

したがって、唾ため、唾吐きを行う彼らは「1滴でも唾が喉を通ったら察知できる」という超感度でもってこのこだわり行動を遂行しているわけではなさそうです。

要するに、彼らは現実には「唾を飲み込んでいる」し「唾を吐き出さなくてもよい」ときもあるのです。それは、彼らが就寝中は唾を「ためず」「吐き出さない」ことからしてもうなずけます。

しかし、大人がいくら「ためない！」「吐き出さない！」と言葉で注意してみても効果的ではありませんから、物理的な作戦でこれに対処します。

具体的には、マスクの着用です。子どもには、風邪や花粉症の「予防のために一日中着用していなさい」と命じて、「ちょっとでもマスクをはずしたら風邪をもらう（花粉症になる）から、手洗い場やトイレに行っての唾吐きもしない」「だから、唾もため込まない」という説明も行いましょう。

また、「熱中症の予防」とか「喉が弱い」という理由づけで、子どもに水筒や喉あめ（ときに塩あめ）を持たせて、適宜、水分補給や糖分（塩分）補給させると、自然と唾が飲み込まれ、唾吐きもなくなります。

空腹感へのこだわりには根気をもって

自分の「空腹感」に従って食事のタイミングを計っている、という状態の子どもは、もともと、食が細いとか偏食がたくさんあって食べられる品数が極端に少ない、という状態にあったものと推測されます。よって、「食べるか食べないか」「やっぱり食べたくない」と逡巡《しゅんじゅん》しているうちに、「おなかがすききるまで待とう」という態勢になってしまったのでしょう。お子さんもそうなのかもしれません。

このような場合、一筋縄の対策では歯が立ちません。総合的な対策を立て、周囲が連携して、根気強く取り組むことを勧めます。

具体的には、まず、①提供する食事の品数を減らし、食べさせるものを絞る、ことと、②空腹の感覚を待つのではなく、適宜運動をさせて、「空腹の状態に導く」こと、それに、③「これを食べてみよう、おいしいよ」「今日はこれだけでいいから、一口でもいいから、食べてみよう」という、「人からの提案や誘いかけ」を受け入れるような「人間関係」を構築する、という3点です。

特に③は、ほかの場面でも「人からの提案や誘いに応じたら、できて、達成感が得られて、しかも、ほめられてやる気が出て、さらに応じたらもっとできたので、自信がついた」というような体験を重ねることが重要です。そのためにも、ASDの彼らを、「やってみてよかった！」と思わせるような状況をたくさんつくって、誘い続けることが大事なのです。

先生、相談です。

感覚のこだわりへの対処

小1 男子

ASD

特別支援学級に在籍

10 おむつでの排泄にこだわり、小学生にもなっておむつがはずせません

小学校に上がったのに、まだおむつがはずせません。頑としておむつを脱がず、大人が脱がせようとするのも拒みます。当然、トイレでの排泄《はいせつ》はまだできません。排泄時間を決めてトイレに誘ったり、おまるを用意したりと、いろいろ試みましたが、うまくいきません。

おむつの卒業とトイレの確立

定型発達の子どもの場合、2歳前には歩行も上手になって、おまるやトイレに自分で移動できるようになっています。そして、2歳過ぎると、言葉も発達していき、「おしっこ」とか「おしっこ、でる」などと直接に言えるようになりますから、周囲は「教えてくれて偉いね！ それじゃ、トイレでしようか」という流れに、自然となっていきます。

ここで、とても重要なのが「トイレ（おまる）で上手にできたね！」と大人にほめられ、子どもが「その気になる」ということ。この頃の子どもたちは、トイレで

おしっこ、うんちをすませてくると一様に誇らしい顔をしています。
つまり、子どもも、「自立」のためのステップとして「おむつの卒業」と「トイレの確立」をとらえているようです。そうして、大半は3歳を過ぎる頃までにはおむつを卒業していきます。

おむつこだわりとは、変えない・やめない・始めないが入り交じる複合系

それに対して、ASDの子どもは、おむつの卒業が遅れる傾向にあると思われます。その理由は、複数あります。その筆頭は、言わずもがな、「おむつこだわり」です。

ASDの子どもとしては、生後3年間もあたりまえのようにお尻を包んでいたおむつを「今さら変えられない」ということ。また、おむつを「やめたくない」し、新しい排泄《はいせつ》の仕方（トイレ排泄）は「始めたくない」ということでもあります。すなわち、おむつこだわりには、ASDの人のもつこだわり行動の3特徴がすべて、反映されていることになります。

そこに、「トイレのサインを人に示すことが苦手」というコミュニケーションの障害と、「人にほめられる行動に出たがらない」という社会性の障害とが重なって、ASDの子どもの「おむつの卒業」を遅らせてきたのです。

おむつはずしは、できれば幼稚園や保育園のうちに

ＡＳＤの子どもも「おむつをはずすなら幼稚園や保育園時代に」ということをよく耳にします。それは、次の2点において、理にかなった見解です。

①幼稚園や保育園では、トイレにチャレンジする子どもの姿が日常的にあって、おむつを卒業することが自然に誘発される。

②幼稚園や保育園では、保育室とトイレがつながっていたり、近い位置に設置してあったりするから、行きたいときにトイレが使いやすい。

それらに対して、小学生になると、授業中は45分間、トイレに行きにくいし、トレイはたいがい教室から一定の距離があり離れているので、「おむつはずし→トイレ使用」の試みには、向いていないのです。だからこそ、幼稚園や保育園の時代に、できればおむつは卒業させておくべきなのです。

時期を逃した場合の対策

おむつはずしの時期を逃してしまった場合の対策として、定番なのが、①水分の管理とその記録、②時間排泄の徹底と記録です。①で十分に水分をとらせ、過不足がないように記録して、そのうえで②のように、時間を決めてきちんとトイレに誘って排尿させて、その時間も記録して、次に備える、ということの繰り返しでトイレ排尿を定着させていきます。これは、排便も同じです。

失敗体験が積み重なっていると…

小学生になるまでおむつが卒業できなかった、ということは、「おむつはずし」と「トイレ排泄への挑戦」における「数々の失敗体験」が積み重なっている恐れがあります。その失敗体験によって、ASDの子どもには「トイレ・トラウマ」が形成されている可能性があります。

その場合、ASDの子どもは、「トイレに行こう」と誘われただけで大泣きすることもあります。また、外出した先々で、トイレを見てまわって、そして、わざわざ水まで流して、「もう僕・私はトイレはすんだ!」というサインを示す子どももいます。

ASDの子どものおむつ・トイレ対策

こだわりで「おむつから離れがたい」し、「トイレはトラウマが詰まっている」ので、ASDの子どもの「おむつ卒業」は難しくなっています。

したがって、先に示した「おむつはずしの定番」を根気強く繰り返し、実施して、少しでもおしっこやうんちがトイレでできたら、大いにほめていきましょう。排泄後に、ご褒美としてスマートホン(スマホ)で動画を見せてあげる、などの対応もよいでしょう。

そして、「トイレは怖くない!」「快適で安心できる場所」というイメージを植え

付けるためにも、トイレの内装を思い切って子ども好みに変えていきましょう。具体的には、子どもの好きなキャラクターグッズを置いてみるとか、壁紙にシールやポスターをたくさん貼ってあげる、スリッパもかわいらしいものに新調するなどです。

スマホやボイスレコーダーで子どもの好きな音楽をかけて、リラックスさせることもよいでしょう。

以上のような対策で子どもが安心して便座に座り続けて、自然と排尿、排便できるように、一定期間、大人もがんばり続けましょう。

そして…

「おむつを卒業」し「トイレ排泄が可能」になることは、ＡＳＤの子どもにとって「難関」であった分、大きな前進ですし、大きな喜びにもなります。この機会を逃さず、関係者は大いに子どもをほめたたえてあげましょう。

そして、ＡＳＤの子どものほうから「トイレに行きたい」「トイレについてきて」「そしてほめてね」と言い出しやすい、頼りがいのある大人になってください。

コラム

「おむつ卒業」は園との共同と協働で

本文でも述べたように、おむつ世代の子どもにとって、保育園や幼稚園での生活環境は、「トイレ排泄《はいせつ》」に移行しやすい状況にあります。つまり、「おむつの卒業」がしやすい環境にあるということです。

そこで重要なのが、園でのトイレに関する取り組みや進行状況を家庭でもしっかりと把握して、同じように、「トイレ排泄」に取り組み、「おむつの卒業」を進めることです。

要するに、園と取り組みや考えを「共同」することと、一緒に進める「協働」という姿勢が大切になります。

そのために、お子さんの送り迎え時の挨拶の際や、連絡帳でのやりとりを通して、トイレとおむつに関する情報交換と情報の共有に努めてください。

先生、相談です。

感覚のこだわりへの対処

3歳	男子
未診断	
在宅	

11 水こだわりに困っています

水で困っています。コップに水を注ぐのにこだわったかと思えば、それをこぼしては何度も注ぎ直して遊びます。蛇口をひねれるようになってからは、公園とかで水道を見つけると、蛇口をひねって水を出さずにいられません。しかも延々と出し続け、まき散らすので、まわりにも迷惑をかけています。

ASDの子どもと水との関係

ASDの子どもは、「水」にこだわるケースが多いといえます。小さい頃は、コップの水をわざとこぼしては、テーブルの上や床の上で水の感触にひたって、周囲を慌てさせます。コップで水を飲む、というよりはコップに小さいな手を突っ込んで、遊びの道具に使います。

トイレで排泄《はいせつ》ができるようになると、トイレの水で遊びだして床をビショビショにして大目玉を食らうようになります。お子さんは、このあたりの段階でしょうか。

幼稚園に通い始めると、雨降り時や雨上がりの水たまりに心が奪われて、そこに

ジャンプして突っ込んだり、バシャバシャと暴れ回り、ずぶ濡れになってはしゃぎ続けます。夏場、プールが始まれば、もう狂喜乱舞して泳ぎまくって、何度声をかけても上がってくる気配を見せません。

家では庭の足洗い場の蛇口にホースを接続しては、宙に放水して飽きることなく全身ずぶ濡れで過ごしています。浴室に忍び込んでは、シャワーを浴び続け、浴槽の残り湯が冷たくても「水」風呂に入り続ける子どももいます。

さらにもう少し大きくなると、「水飲み」にこだわる子どもも現れて、プールの水をがぶ飲みする、ほうっておくと水飲み場に足繁く通って何リットルも水を飲む、家や放課後等デイサービスの麦茶タンクを空にしてしまうなど、健康への影響も心配されたりします。

ルールを決め、物理的な制限をかける

こだわり行動は、先述したように、放任していると増大していきます（6参照）。水へのこだわり行動も同様で、庭での水まき量が増え続けた結果、水道料の請求がうん万円に跳ね上がった、というケースがあります。また、水の飲み過ぎで〝水中毒〟にかかって、意識を失い救急車で病院に運ばれる事態も起きました。

そのような状態に陥る前に、「水遊びは大人と一緒に、そして、10分まで」とか「水を飲むのは1時間ごとにして、飲む量もコップに1杯だけ」というようにルー

ルを決めて、庭の足洗い場や台所に明記しておきたいものです。

そのルールが理解できない、書いた紙が読めないという年齢や状態のお子さんの場合は、緊急避難として、水の量に物理的な制限を加えないといけません。

具体的には、水遊びに使われる足洗い場の元栓を締めておき、大きめのペットボトル数本にためた水を用いて、じょうろで遊ばせるようにします。

また、水飲みも大型の水タンクは廃して、1回に飲める量は350mlのペットボトル1本で、一日に何本まで、と制限をかけるのがよいでしょう。

水への喜びや意欲を〝強み〟に転換！

水こだわりについて、緊急事態時には先述のように物理的な制限をかけることが必要となることがありますが、ASDの人が表す水への〝喜び〟や〝意欲〟そして〝集中力〟や〝持続力〟という強いエネルギーにも目を向けましょう。つまり、水へのこだわりを〝強み〟としてとらえ直してみることです。

ASDの人の水に対する喜びや意欲は並大抵のものではありません。よって、多少の交換条件を提示されたくらいでは、なえてしまうことはありません。私たちは彼らに「水で遊びたかったら、最初に宿題をすませなさい」とか「水をジャブジャブ使いたいなら、食後の食器洗いや風呂場の掃除をしなさい」と言って、水へのこだわりを利用すればよいのです。

この利用方法が奏功して、清掃業の公務員になった明石徹之《あかしてつゆき》さんは有名です（本シリーズの第1巻、明石洋子《ようこ》さん著『思いを育てる、自立を助ける』と、p153のコラムを参照してください）。

水への集中力や持続力を〝活用〟して

特別支援学校に通う慎二《しんじ》くん（仮名）は、落ち着きなく授業中でも立ち歩いて、隙をうかがってはトイレに逃げ込み、便器のたまり水を使ってビチャビチャと水遊びにふけっていました。

「落ち着きのない慎二くんでも水遊びだけには集中している」ことに目をつけた担任の先生は、慎二くんに水でヌルヌルにした陶芸用の粘土を与え、ろくろの上でクチャクチャとこね回す遊びに誘ったのです。慎二くんはこれに飛びつきました。そして、飽きることなくヌルヌルとクチャクチャの感触を楽しんだのです。

この集中力を活用して、担任の先生は根気強く、慎二くんに粘土の手びねりや成形を教えていきました。その結果、慎二くんの粘土遊びは一定の陶芸作品として成り立つようになったのでした。

役に立つ活動、周囲が認める活動に導く

また、特別支援学校の手洗い場でずっとピチャピチャと水遊びをしている女の子

がいました。杏菜《あんな》さん（仮名）です。彼女には牛乳パックの廃材を利用する紙すきの作業を与えてみました。すると杏菜さんは、白い紙片が水によどむ木枠を揺すっては根気強く紙をすいていく工程が気に入って、飽きることなく作業に臨んだのでした。

それを知って喜んだ母親が、家では杏菜さんにお米とぎの台所仕事を教えました。これにもはまった彼女は、満足と達成感を得て、ほかの場面での水遊びはしなくなっていきました。

ＡＳＤの翼《つばさ》くん（仮名）はプールが大好きで一度水につかってしまうとなかなか上がってこられません。この集中力に目をつけた父親がコーチ役となって彼に水泳を教え込んでいきました。バタ足から始まって、クロール、背泳ぎ、バタフライ、平泳ぎと翼くんは習得していって、障害者の競泳大会にも出場するまでに成長していきました。

このほか、調理、洗濯、洗車などに導くというのもよいでしょう。

コラム

強迫症や依存症になったら

ＡＳＤの人も、二次障害として強迫症や依存症に罹患《りかん》することがあります。それは、珍しいことではありません。また、それらはともに精神疾患に位置づけられています。

前者の場合「やってもやってもやめられない！」という悲痛な訴えが表出されますし、後者の場合「人目や物、お金を盗んでまでも行為に出ようとする」等の生活の荒れがサインとなります。

そうした場合、専門医（精神科）の受診を勧めます。

先生、相談です。

感覚のこだわりへの対処

小1　男子

ASD

特別支援学級に在籍

12 たえず独り言を言っています

息子は、歩いていてもテレビを見ていても、お風呂に入っていても、ずっと独り言を発しています。よく聞いていると、新幹線のアナウンスだったり、昔のCMソングだったり、テレビアニメのせりふだったりします。人の手前恥ずかしいし、気になるので、なんとかしたいものですが……。

言葉のこだわりは大きく分けて2つ

ASDの人は言葉にもこだわりをもちます。それを大別すると2つに分けることができます。

一つ目は、自分の言葉へのこだわりである「独り言」で、二つ目が相手の言葉へのこだわりとなる「返答こだわり」です。

それらには、独特な意味があるとともに、大事なコミュニケーションツールでもあります。よって、適当にあしらったり、からかったり、叱り飛ばしたりはしないでほしいと思います。

独り言は自分の発する言葉へのこだわり、自己刺激行動の一種

言葉のこだわりの一つは、自分の発する言葉へのこだわり。つまり「独り言」です。この独り言は、電車やバスのアナウンス、スポーツの実況中継、ＣＭの短い歌やフレーズ、ナレーション、テレビアニメやドラマのせりふ、他人の会話や自分に発せられたほめ言葉、注意や叱責の言葉まで、多岐にわたります。

そして、ＡＳＤの人によってはそれらを混ぜ合わせて発することもあり、聞かされる側は不可解に思ったり、ときに不快になったりします。

なぜ、ＡＳＤの人がこのような独り言を発するかというと、それは、自分の好きな言葉（音刺激）を自分の耳に入れて、快適な聴覚世界にひたるためだと思われます。つまり、この独り言は、「自己刺激行動」の一種であると考えられます。自分で自分を楽しませ、安心・安定させる行動、ということもできます。

対応の第一は、そっと見守る

ＡＳＤの人の独り言は、自己刺激行動なので、〝相手を必要としていない〟ことも特徴です。

独り言をＡＳＤの人が発しているとき、彼らは、私たちが大好きな音楽の世界にひたっているのと同じように、自分の編み出した呪文ともいえる言葉を耳に入れて、悦に入っている、または自己調整をしている最中にある、ととらえてください。そ

のことからして、対応の第一は、「そっと見守る」ことです。

交換条件として、ルールと我慢を教える

ＡＳＤの人たちには、この「安心・安定」のための行為を保証する代わりに、〝交換条件〟として「時と場所をわきまえる」ことや、「授業中は我慢すること」を約束として提示することをお勧めします。

それでも周囲の人に迷惑となる場合は、「声のボリュームを5段階のうちの1まで下げてください」とか、「ここでは声のボリュームの〝サイレント・モード〟でお願いします」というように、具体的に指示してあげてください。

ときに、独り言に〝集中〟するあまり、目の前の仕事や学習に身が入らない場合は、「気分転換しましょう」と言って別室でしばらく独り言に専念させたうえで、「部屋（教室）に戻ったら、あとはしばらく、独り言は我慢ね」という約束をして、応じさせることも有効です。

コラム

映画『レインマン』に見るこだわり行動

1988年に全世界で公開。第61回アカデミー賞4部門獲得。ASDのレイモンド役を名優ダスティン・ホフマンが演じ、弟のチャーリー役を二枚目俳優のトム・クルーズが演じました。ダスティン・ホフマン演じるASDは、違和感を覚えることなく見ることができますし、特にパニックとフラッシュバックに陥るシーンは圧巻です。約30年も前に作られた映画ながら、当時の最先端の知見が盛り込まれていて、今でも見る者に驚きと感動を与えてくれます。

そして、たくさんのこだわり行動が惜しみなく描かれていることが、この映画の最大の特徴でもあります。登場するこだわり行動は、本やカードの並べ方から、独特の言葉遣い、歩き方、日課、スケジュール、テレビの見方、ベッドの配置、曜日ごとの食事メニュー、魚のフライの本数、パンツのメーカー、飛行機と高速道路には乗らない等々で、こだわり行動に関する資料的な価値も高い映画です。

先生、相談です。

感覚のこだわりへの対処

小2 女子

ASD

特別支援学級に在籍

13 同じ言葉を言ってもらうことにこだわり、人に強要します

特定の人に「○○って言って」と繰り返し求めて、そのとおりに言ってもらってはニヤニヤして喜んでいます。それに、自分の中で決めている、質問と答えのやりとりをさせたがります。これは、とりわけ気に入った人に求める傾向があります。これらには何の意味があるのでしょう。悩んでいます。

返答こだわりは相手の言葉へのこだわり

ＡＳＤの人がもつ言葉のこだわりの一つ目は独り言で、自分の発する言葉へのこだわりでした。ＡＳＤの人の言葉のこだわりの二つ目は、相手の言葉へのこだわりです。これを「返答こだわり」といいます。

具体的には、

・ＡＳＤの子ども：「ＮＨＫのお姉さんの名前は？」

↓母親：「元□□支局にいた○○お姉さんね」

・ＡＳＤの子ども：「５時のニュースのお兄さんは？」

↓母親：「□□テレビの○○さんね」

・ASDの子ども：「タモリさんがかけてるのは？」

↓父親：「ずっと昔から、黒縁の眼鏡をかけてるね」

・ASDの子ども：「タモリさん、昔は、眼帯じゃなかった？」

↓父親：「ずっと前のもっと前は、海賊のような眼帯をしていたね」

などという同じ質問と同じ返答が毎日、繰り返されます。

好きだということ、親愛の気持ちの現れ

それでは、これらの会話の解説をします。まず、会話に登場した、「NHKのお姉さん」「ニュースのお兄さん」「タモリさん」「黒縁の眼鏡」は、質問をしたASDの子どもが「好き！」であることを意味しています。そして、その「好き！ということ」を相手に「言いたい」し、「わかってほしい」と強く望んでいる、ということでもあります。さらに重要なことは、このやりとりを「大好き！」な相手（ここでは両親）との間で行いたいという、人への「親愛」の気持ちが込められているということです。

つまり、ASDの人たちは、「返答こだわり」を通して、人とのコミュニケーションを図っているというわけなのです。

「返答こだわり」への対応

ＡＳＤの子どもにとって、好きな相手に、自分が大好きな名称（物や人）を言ってもらうことは、〝二重の喜び〟をもたらします。そこでは本当に至福の表情を見せてくれます。

したがって、ＡＳＤの子どもの質問に「○○お姉さんね」「○○さんね」「黒縁の眼鏡をかけてるね」と応じたこの両親は、ＡＳＤの子どもの期待にきちんと応え、満足させているので、満点の応対ということができます。

この「返答こだわり」につきあわされて、困惑している親御さんやご家族のみなさん、「返答こだわり」はＡＳＤのお子さんからの親愛のメッセージだと思って、真摯に受け取り、コミュニケーションにつなげていってください。

相手の人に対する「評価」が見え隠れ

ＡＳＤの人の「返答こだわり」は、相手に合わせて使い分けされている場合があります。たとえば、①初めて会う人や見慣れない人、②繰り返し会っている人や日常的に接している人、③特別な思いを寄せる人や心を許す人、というように、ある程度〝ランクづけ〟されて、それぞれに見合った「返答のための質問」が用意されている模様です。

したがって、きょうだいの友達や遠い親類の人に発する質問は、家族へのそれとは異なりますし、家族のなかでも〝特別〟に位置づけられている母親や父親に対する質問はまた違ったりするのです。

それでは、人への「評価」がどのように「返答こだわり」に反映されているか、実際の事例で確認してみましょう。

ＡＳＤの玲奈《れいな》ちゃん（仮名）は、４月、新任の若い担任の先生に「これ誰の？これ誰の？」と、慣れない人に対する質問を繰り返していました。それが夏頃になると「○○放送のお姉さんのお名前は？」と家族と同じ質問をするようになりました。そして、冬の参観日、担任の先生に玲奈ちゃんが「東京のバナナ食べた？」とめったにしない質問をしているのを見て、両親は「この先生は、がんばって玲奈の心をつかんだのね」と、感謝の気持ちでいっぱいになった、と言いました。

先生、相談です。

感覚のこだわりへの対処

小1 男子

ASD

通常の学級に在籍

14 特定の服にこだわって、別の服を着させるのが大変です

特に服へのこだわりが強く、同じプリントのお気に入りの服しか着ません。幸い体があまり大きくなく、幼児サイズの何着かを着回しては洗濯してと対応してきましたが、いよいよ小さくなって買い換えようとしたところ、子どもサイズでは同じデザイン展開をしておらず、困っています。

ASDの兄が出ていたあの映画でも…

映画『レインマン』（p67コラム参照）に有名なシーンがあります。旅の支度をしてこなかったASDの兄レイモンドに、弟のチャーリーが自分のパンツを貸与します。しかし、レイモンドがそのパンツを履いていないことが判明し、その理由を尋ねると、レイモンドは「ボクサートランクスタイプのパンツしか履かないので、借りたパンツ（ブリーフタイプ）はポケットにしまってある」と答えます。

そのうえで、ふだん自分が履くパンツは、〝ヘインズ〟というメーカーで、〝サイズは32〟、施設暮らしをしていたからそのパンツにはマジックで〝レイモンド〟と

名前が記されていなければならない、さらには、そのパンツは、〝シンシナ州のオーク通り〟にある〝Ｋマート〟で買ったものでなければならない、と主張し続けるのでした。

このパンツこだわりに驚愕《きょうがく》したチャーリーは、運転していた車を急停車させて、車外に飛び出して、「何が自閉症だ！　パンツはパンツだろ!?　俺はだまされないぞ！」と絶叫し、地団駄踏んで怒りを爆発させるのでした。

パンツを取り替えないこだわりの施設入所者の例

私が経験した衣服へのこだわりで印象的だったのは、レインマンと同じく、パンツへのこだわりをもつ、福祉施設の利用者でした。彼は〝パンツを取り替えない〟というこだわりで、数年来、毎日同じパンツを履き続けていました。

ただし、洗わないわけにはいきませんから、毎晩、入浴の合間に職員が彼のパンツだけを手洗いして、急ぎドライヤーで乾かして、彼に履かせる〝離れ業〟でしのいでいたのです。

それに対して、「そんなに〝甘やかさなくても〟我慢させればいいのでは？」と言う職員がいたことも事実です。しかし、そういう対応をしようものなら、彼はパンツを履かないで外に飛び出していき、地域で大問題を起こしてしまうのです。

先生、相談です。

衣服へのこだわりいろいろ

パンツへのこだわりと同じように、ＡＳＤの人たちは衣服のいろいろな面にもこだわりを見せます。

たとえば、着る服の色、柄、描かれているキャラクターデザイン、そして、服の生地や手触り、襟の形やポケットの有無、ボタンの形状、さらには、メーカー名やロゴなど、多様です。

また、半袖、短パンにこだわって、冬でも半袖、短パンで通した強者《つわもの》もいます。

それしか着ない！　それなら着る？

感覚に過敏性があり、身につける衣服や下着類に対する選《え》り好《ごの》みが激しい傾向にあるＡＳＤの人たちは、もともと、本音を言えば「よけいなものを身にまとわないで、裸で暮らしたい！」と願っているのではないでしょうか。事実、彼らの幼少期を調べてみますと、多くに「目を離すと服を脱ぎ散らかして裸になっていた」という逸話が確認できます。

その彼らからすれば、「首まわりや袖口、足元を締めつけ、不快にさせる衣服など着たくない！」という主張があるのかもしれません。

しかし、常日頃から何百回も何千回も周囲に「服を着なさい」と諭されて、〝仕方なく〟周囲や社会のルールに沿ってここまで過ごしてきたのでしょう。

したがって、色や柄やキャラクターやマークや肌触りやメーカーなどにあえてこだわって、「それなら着る」と自分を納得させて対処しているのだと思います。言い換えれば、そのこだわりがあることで彼らは〝裸で暮らさず〟にすんだ、ということになります。

嫌いな服でも着てくれてありがとう、そういうスタンスで

さて、では、お子さんにどう対応するかです。

これまでに述べてきたASDの人の特徴を考えますと、「嫌いな服でも〝こだわりを頼りにして〟着てくれてありがとう」というスタンスで接することが、まず第一にあると思います。

そのうえで、はやりすたりの激しい衣料品の世界は、ASDの人がその色、柄、デザインなどにこだわっても変更され、廃番の憂き目に遭うことも多いことを、前もって教えておくとよいでしょう。

そして、「あなたは青い色の服が大好きだけれども、今日は青で刺繍《ししゅう》が入ったこの服で我慢してね」とか「大好きだったあの柄はもうないので、代わりにこの似た柄の服を着てみましょうか。きっと、大丈夫よ」というように、代替物を見せながら、優しく、丁寧に諭していきましょう。

先生、相談です。

困った、どうしよう!?

先生、相談です。

困った、どうしよう!?

小3 男子

ASD

通常の学級に在籍

15 好きなものしか食べず、給食に手をつけずに帰ってきます

好きなものしか食べません。それに、これまで食べたことがないものには見向きもしません。給食は、嫌いなものが出ると手をつけないので、仕方なく、帰ってきてから好きなもので食事をさせています。帰宅が遅くなる高学年ではそうもできないだろうし、今のうちになんとかしたいのですが……。

偏食の形態でASDに多いのは…

周知のように、偏食は大きく分けて2種類あります。①に「好きな食べ物ばかりを欲して食べる」ので、「食事が偏る」こと。②に「食べない（食べられない）もの」が多すぎて、「食事が偏る」こと、です。ASDの人の場合、①②の両方があって食事が偏っている人が多いのです。

また、①の場合では、スナック菓子やフライドポテト、チキンナゲットなどの「ジャンクフーズ」が対象になる場合が多いのが実情です。私が知る例では、朝昼晩にインスタントラーメンを2袋ずつ食べないと気がすまない、というASDの子

どもがいました。さらには、チューブ入りの練乳を毎食後1本ずつ飲んでいるASDの子どももいて、肥満と健康面が心配されていました。

②に関しては、食べられるものがきわめて少ないという状態になり、年々やせ細っていき、関係者を心配させています。

こだわり行動という面でとらえると、①は、「変えない」こだわり行動と「やめない」こだわり行動が複合したものです。②は「始めない」こだわり行動に原因があるといえます。つまり、偏食の多くは、ASDの人のもつこだわり行動によるものだと考えられます。

視覚優位からくる偏食もある？

ASDの人は視覚優位の生活を送っている、といわれます。自分に取り入れる情報の多くを視覚からの入力に頼っている、ということです。このことが、ASDの人に対する指示は、「言って説明する」よりも、「紙に書いたり、写真という具体物で見せる」ことのほうがはるかに有効である、ということにつながりますが、この特性は、偏食についてもあてはまるようです。ASDの人は、食べ物を「見た目（外観）」で判断していることが多いということです。

一瞬で「おいしくなさそう」「食べられないかも」「これ、嫌いかも」と尻込みして、「食べない！」と決めてしまっている模様です。つまり「食わず嫌い」の状態

だということです。

そこで、周囲もあきらめてしまわずに、「これおいしい！」と食べているところを見せて、「本当においしいから、食べてごらん」と実感を込めて誘い続けていきますと、「そう？ なら食べようかな」と気持ちが動いて、パクリと食べてくれるときが訪れます。そのとき、「おいしいのは、あたりまえ」という素っ気ない反応ではなく、「すごいね！ 食べたね、偉いね」と強くほめ、さらに「パクパクって食べて、おいしかったねぇ」と動作も添えてみせて、お子さんの行動を肯定してあげてください。これで、「それを食べる」ことが定着していきます。

視覚優位なＡＳＤの子どもには、適応行動を促すことも、ほめたたえることも「視覚に訴え、わかりやすく」を忘れずに。

給食やお泊まり会、合宿などの機会が改善のチャンス

偏食の改善に向いている場所は、幼稚園や保育園、そして学校での給食場面です。同じメニュー食が一斉に子どもたちに与えられて、みな、同じ食べ物を口にして、平気で、おいしそうに、うれしそうにパクパク、モグモグ食べている。その光景を目の当たりにして、偏食の強いＡＳＤの子どもでも「みんなおいしそうに食べているから、大丈夫？ 僕も食べてみようかな」と徐々に食指も動いてきます。つまり、毎日、何十人という子どもたちが、目の前で「食べる見本」となってくれているの

ですから、これほどわかりやすい状況はありません。

また、学校主催のお泊まり会や合宿訓練、そして修学旅行という「外泊」を利用して、「偏食のこだわり」をリセットするのもよいでしょう。特に2泊3日以上がねらい目です。お子さんに事前によく言って聞かせて、メニュー食に挑戦してもらいましょう。このような支援と、次のような取り組みも続けてください。

担任の先生が「大丈夫、一口、食べてみようか？」と誘って、もし、お子さんが一口でも食べることができたら、それを写真に撮って、1枚はファイルし、もう1枚は家庭に送ってもらって、情報を共有します。ファイルした写真が増えていけば、それもお子さんの自信となりますし、振り返りで励みにもなります。

偏食と感覚過敏を見極めて

さて、最近、ASDの人がもつ感覚過敏の問題が注目を集めるようになりました。ASDの人には、定型発達の人と異なる鋭敏な感覚が多様にあって、本人を苦しめています。

その一つに味覚過敏があります。これは食べ物の酸味や辛味、甘味に反応してしまい食事を楽しめない、という状態をもたらします。そこに、触覚過敏が重なりますと、舌触りが気になって、食べ物が喉を通らなくなります。さらには、嗅覚過敏によって食べ物の臭いが鼻をついて気分が悪くなる、ということも生じます。

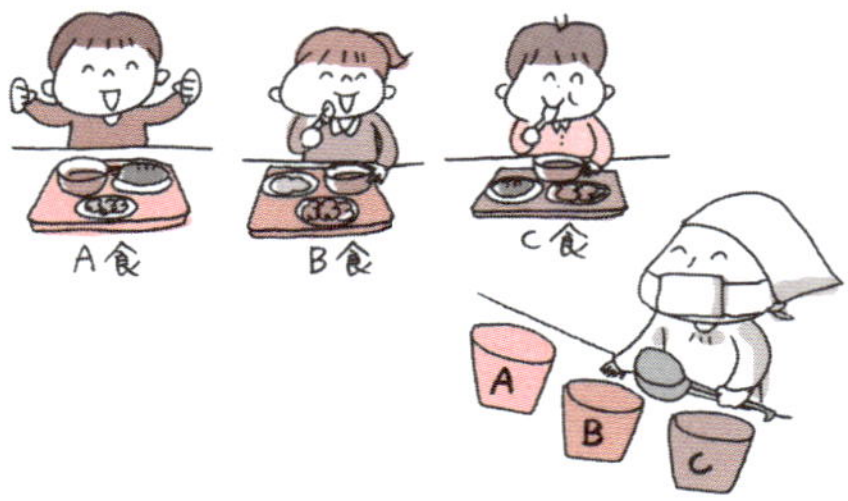

これらの感覚過敏の影響によって「食べられない」という状態は、「偏食」とは分けて考えなければなりません。事実、広島市の療育センターでは子どもの給食に「感覚過敏対応」メニューを導入して、利用者から喜ばれています。つまり、味覚過敏に配慮した「味つけ」や触覚過敏に配慮した「触感」に調理できれば、食を進められるということなのです。

こだわり行動による「偏食」との見極めに注意してください。

コラム

こだわりと味覚過敏の見極め方

こだわりには「大好き！」と「大嫌い！」という両方の主張があるのに対し、味覚過敏では「嫌い！」「食べられない！」という「拒否」の形だけで表されます。

また、こだわりには、「見た目」や「印象」「過去体験」に影響されての「食わず嫌い」ということもあるので、「食べてみたらおいしかったので気に入った」という「反転」も起こり得ます。反面、急に「大好きでそればかり食べていたけど、もう飽きた！　うんざり」となって、突然、「大嫌い！　もう見たくもない」と拒絶されるパターンも存在します。つまり、こだわりの食物は、ときに変わってしまうのです。したがって、誘ったり指導したりの対象になります。

一方、味覚過敏の対象は変動しません。親御さんに確認すると「乳幼児の頃からずっと食べられない」と証言されることが多いのです。つまり味覚過敏は「体質的に受け入れられない」ということで、ケアの対象であり、指導には向きません。

先生、相談です。

困った、どうしよう!?

小1　男子

ASD

通常の学級に在籍

16 小学校に上がったのに、頑として文字を書きません

息子は小学校に上がりましたが、文字を書きたがりません。教えようとすると「やだ、やめてくれ！　書きたくない！」と言って強く反発します。いったい、どうしたらいいのでしょう。

道具へのこだわり（「変えない」こだわり）

ＡＳＤの子どもにとって「文字を書く」ことには、大きな変化が伴っていますので、その変化を嫌って、「イヤだ！」という「拒否の態度」が出やすいところです。まず、ＡＳＤの子どもは、書く（描く）道具にこだわります。それが幼稚園や保育園時代のクレヨンやクレパスです。これで描くことに慣れ親しんでいると、小学校で求められる、「鉛筆や筆で書く（描く）」ことに変化を感じ取って、「変えない」こだわりで「拒否」の態度に出ることが多いのです。

書き順や枠に従うことへの抵抗（「始めない」こだわり）

多くの子どもたちは、幼稚園や保育園で比較的自由に絵を描いたり、文字を書いたりしてきました。本格的に文字指導や漢字教育を行う園も少数ながらありますが、多くの園では小学校にそれらを託しています。

その影響もあって、小学校に上がった途端、「〝あ〟という文字は、こういう順番で書きます」とか、「新しい自分のノートを使ってみよう」「この□の枠の中に、はみ出ないように（上手に）書いてみよう」といろいろ指示されて、新しい規制が与えられますから、「始めない」こだわりがある子どもは、瞬時に「イヤ！」とかたくなに気持ちを閉じてしまいます。

対応①　道具の工夫

「イヤ！」と拒否し、「絶対書かない！」と強い抵抗を見せるＡＳＤの子どもを「力」でねじ伏せて「書かせる」ことは、さらなる「心の抵抗」を強めてしまい、事態を悪化させます。対応のコツは、彼らからして「それで書き（描き）たい！」という気持ちになるように導くことです。

そこで用いるのが、百円均一（百均）ショップでも買うことができる「ジャンボ鉛筆」です。通常の鉛筆に比べ、10倍！　の大きさと太さ。それでもちゃんと字や絵が描けます。私は「鉛筆は持たない！　鉛筆で書かない！」と言い張る子どもに

対して、「じゃじゃ〜ん、このデッカいジャンボ鉛筆なら、ゾウや恐竜のデッカいウンコだって描けちゃいます！」とおどけてみせて、目の前に提示していきます。するとたいがいの子どもは「わぁっ！　すげぇっ！　本当にジャンボだぁ！ねぇねぇ、ちょっと触らせて、恐竜のウンコ、描いてみたい！」と気持ちを切り替えて、対応してくるのです。

また、子どもの趣味に合わせて鉛筆を用意するのも効果的です。私は、エジプトの秘宝鉛筆や新幹線鉛筆を「いいだろぉ〜、君が好きな絵柄だろう？　プレミアだぞ、ちょっとこれで書いてみるか？」と言って子どもに見せて、「貸して！　貸して！　見てみたい！　書いてみたい！」という気持ちを引き出しています。

これに近い商品として、各種、アニメなどのキャラクターが印刷された鉛筆が販売されていますので、お子さんに選ばせて、「その気にさせる」やり方もあります。

対応②　素材（段ボールや紙コップ）の活用

新規（新奇）な物事に警戒心をもちやすいASDの子どもにとって、新調の教科書や新品のノート類は、「なくしたらどうしよう？」とか「書き誤って汚したくない！」と思わせて、過度な緊張を与えているかもしれません。

そこで大人としては、素材に対する〝自らのこだわり〟を捨ててみせて、「書きやすい」ものの提示をしてみるとよいでしょう。たとえば、家の隅にほうってある段ボールや百均ショップで大量に売っている紙コップなどです。「ここなら、失敗を気にせず、気楽に描ける！」ということがわかって、絵を描き、名前を書くうちに、自信をつけて、ノートにも文字が書けるようになった子どももいます。

対応③　書かせる・描かせる内容の吟味（漢字・アルファベット）

ＡＳＤの子どもの発達には凸凹があり、得意分野と苦手分野がはっきり分かれていることが知られています。また、発育の順番の法則とは異なった育ちを見せる場合もあり、十人十色の個別対応が求められていることも周知のとおりです。

したがって、文字指導を「ひらがな」で始めて抵抗されたら、「漢字」や「カタカナ」「アルファベット」に方向転換して教えると、「すんなり」受け入れられる場合もあります。漢字は象形文字なので、実は、覚えやすく、書きやすい、といわれています。カタカナやアルファベットは、アニメやゲームで用いられることが多いので、そこから動機づけるとよいでしょう。

そして、漢字にしろカタカナにしろ、書き始めてみて、抵抗が薄れてきたら、ひらがなに戻して教えていくとなおよいでしょう。

対応④　書かせる・描かせる内容の吟味（ガソリンスタント・コンビニ）

まず、ＡＳＤの子どもが好む題材を描かせて（書かせて）あげましょう。私は、

「描かない！」と決めている子どもが「出光、ＥＮＥＯＳ、太陽石油などのガソリンスタンドが好き」であることを知れば、それを「段ボールに描いてもいいよ」と誘い促します。子どもがそこに描いてくれたら、「じゃぁ、道を描いて、ローソンやセブンイレブンのコンビニも描こうか」と展開させます。そして、「看板にローソン、セブンイレブンって、書いちゃおう！」と誘って、「文字」を記入させていきます。そこにミニカーなどを走らせてもよいでしょう。つまり、ジオラマ遊びが絵と文字を描く（書く）よい機会となります。

対応⑤「かかない！」を絵描き歌で改善

「絵は描かない！」「字は書かない！」と決めてしまって、誘ってもかたくなに拒むＡＳＤの子どもには、抵抗心を和らげ、達成感をもたせ、自信をつけさせていくために、「絵描き歌」を勧めています。その手始めに、たとえば新幹線の絵描き歌（尾原昭夫《おばらあきお》作詞・作曲「ひかりごう」『うたって かいて けせるえほん① 音のでるえかきうた』ポプラ社）はどうでしょう。

「かかない！」という抵抗の裏側には「うまくかけない……」という挫折感や劣等感があったりします。それが絵描き歌なら簡単に、見た目もよい新幹線などが描けてしまいます。ここで得られる達成感は、思いのほか、大きいようですし、これが自信につながっていきます。「できたぁ！ しんかんせん、かけたぁ！」という喜びから、「じゃぁ、ここに、せっかくだから、〝しんかんせん〟って字で書いてみようか」という大人の誘いに「うん、書いてみる」と応じられる子どもも出てきます。

コラム

絵描き歌の例

私、白石作の絵描き歌を紹介します。

［トレーラーの絵描き歌］

①ホームベースがあったとさ

②ながーい荷台に丸４つ

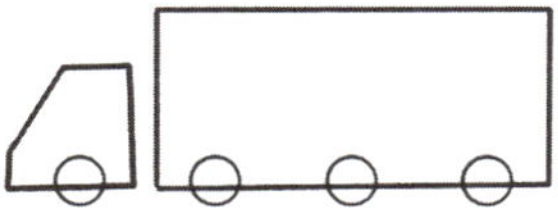

③だんごかな？　めがねかな？　そうじゃないよ。タイヤだよ

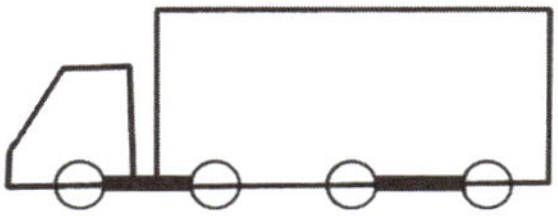

④さんかく窓としかく窓……あっという間に働く車のトレーラー

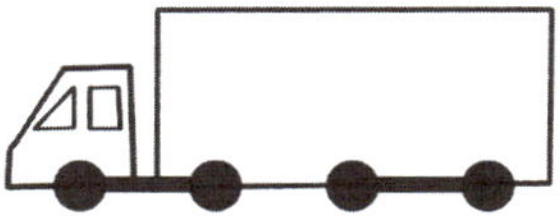

先生、相談です。

困った、どうしよう!?

小3 男子

ASD

通常の学級に在籍

17 ミニカーを買い続け、毎朝並べ直すので、学校に遅れてしまいます

ミニカーにこだわっています。デパートで祖父にミニカーを買ってもらったことがきっかけです。以来、週末にはそのおもちゃ売り場に行って、最低1つミニカーを買わないと気がすまなくなったのです。今では、小さなおもちゃ屋も負けるぐらい数が増え、しかも毎朝それを並べ直すので、学校に遅れてしまいます。

物と、買う・買いに行くがセットになって

お子さんのミニカーへのこだわりは、とても複雑な成り立ちをしていますね。単純にミニカーを並べればいい、というレベルではないようです。要するに、お子さんのこだわりは、①ミニカー、②買う、③週末、④デパートに行く、⑤ミニカーを並べる、という5点セットになっている、ということです。

そして、このセットになったこだわりが、習慣化されて、長年続けられてきたのですから、お子さんだけの問題ではない、ということにも目を向けてください。

つまり、毎週末に決まって、ミニカーを買う。そのために時間を設けてデパート

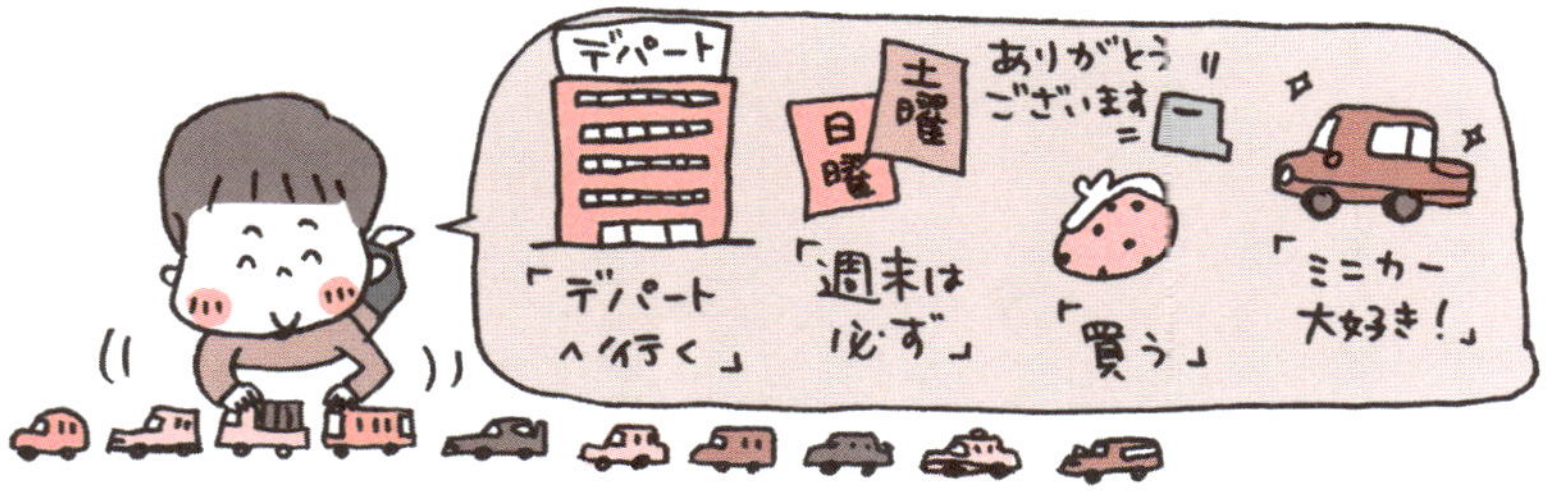

に通う、という〝お力〟がご家族にもあった、ということです。

ミニカーを利用して、買うことから「かかわる」ことへ

そうした〝お力〟、言い換えれば〝余裕〟が現在でもあるようでしたら、①ミニカー蒐集《しゅうしゅう》をミニカーで遊ぶ方向に変えていくことや、②ミニカーをきちんと保管するための棚作りなどの日曜大工の作業に向けていくことを提案します。

①に関しては、ミニカーからプラモデル、ミニ四駆、ラジコンなどに展開させて、父と子でもっと一緒に楽しむ、という活動にしていくとよいでしょう。私の経験では、ミニカーを使っての、当時はやっていたテレビの「西部警察」や「あぶない刑《デ》事《カ》」の「ごっこ遊び」に誘導した結果、そちらの「遊び」のほうが楽しくなって、数か月でミニカー買いは終わっていった例があります。

②に関しては、インターネットなどで検索すると、ミニカー専用の整理棚が販売されています。そうした商品を参考に、ミニカーの〝コレクション〟を大切に保管するための棚作りを、家族で始めると、家族間の交流も深まりますし、新たな趣味や余暇活動の開拓にもなってよいでしょう。そして、ここでの技術や経験が将来の就労にも生きていくかもしれません。

①も②もともに、ミニカーを題材にして「蒐集」から「人と楽しむ」方向に「変えていく」ことがポイントとなります。

ルーティンに変化を加える

ＡＳＤの子どもにとってミニカー並べとそれを真横から眺めるひとときは、至福の時間でありましょう。似たような光景は、定型発達の大人のコレクターやマニアにも見ることができます。両者ともに、「趣味」の世界をもつ、ということでは、望ましい活動ではないでしょうか。

問題となるのは、お子さんのように「区切りがつけられない」ということです。すなわち、ＡＳＤの「やめない」こだわり行動です。もともとＡＳＤの子どもは「やめない」こだわり行動（砂遊び、水遊び、おもちゃ遊び等々）が多くありますから、「区切りがつきにくい」ことをあらかじめ想定しておくことが肝要です。

ミニカー並べの場合もそうですが、それらの遊びを漫然と放任しているのではなく、要所要所で大人が手を貸したり、新しい使い方や遊び方を提案したり、使わなくなった道具をてきぱきと片づけていったりして、「かかわりながら少しずつ変えていく」という〝かかわり〟を活動に差し挟んでいくことがポイントです。

これは、「区切りがつけられないから大人の力でミニカー並べをやめさせる」という発想ではなくて、「人と交流することで、ミニカー並べも人の手が加わりやすくなり、区切りも簡単につくように導く」ことが大切なのです。

区切りのお膳立てを

ミニカー並べの区切りのつけ方の具体例として、3つ挙げます。①は、タイムタイマーやキッチンタイマーなどで、「時間制限」しておくこと。そして、あらかじめセットしておいた時間がきたら、「おしまい！　ですよ」と言って、遊びに介入して、「終わらせる」こと。「時間制限」を設けて、それを「理解、納得」させて、「時間をセット」して、「時間がきたら終わる」という、区切りの王道です。

②は、最初から並べるミニカーの数を調整しておくこと。お子さんは大量にミニカーをもっていますから、それら全部を並べるのにも、片づけるのにも膨大な時間がかかる、ことも問題でした。したがって事前にミニカーを乗用車系、働く車系、スポーツカー系の形態別か、白、赤、青、黒、銀、その他の色という車体色別に分けて、収納しておき、「今日並べるのは、〝働く車隊〟にしよう！」というように限定して並べさせれば、片づけも容易になります。

③は、ミニカー専用のトレーラーを使うこと。玩具メーカーから「ミニカー収納用　トラックトレーラー」が各種販売されています。そこに収納できるミニカーの数も10数台から50台までと、多様です。これらのトレーラーを用いて、大人が「ミニカーを回収に来ました！」「そろそろ、車の倉庫にレッカーする時間となりました！」と介入することで、〝楽しく〟〝お片づけ〟する場面をつくっていきます。

片づけや整理・整頓のコツは、「子ども一人に押しつけない」こと。すなわち、「人と協力すること」で片づけの能力も気持ちも育まれていくのです。

先生、相談です。

困った、どうしよう!?

小2 男子

ASD

通常の学級に在籍

18 ミニカーのタイヤをはずして持ち歩くようになりました

最初は、ただミニカーを集めることに執着しているようでしたが、あるときからミニカーのタイヤをはずすようになりました。新しく買ってもらったものも、うちに帰るとすぐにはずしてしまい、はずしたタイヤだけを大事そうに持ち歩きます。これでは、買ってあげる甲斐《かい》もなくて、なんとかしたいものです。

タイヤはずしのこだわり行動はいかにして?

ＡＳＤの子どもは、たいてい、グルグル回るものやクルクルと回転するものが大好きです。よって、クルクル回るタイヤで走る車やミニカーも大好きです。それらにこだわって、車道を走る自家用車のことなら何でも知っている、という〝車博士〟も多いですし、大量のミニカーを蒐集《しゅうしゅう》している〝ミニカーマニア〟もたくさん存在します。

また、車に興味のない人にはまったく気にならないことですが、一般の〝車愛好家〟にとって、車のタイヤはそのホイールも併せて、趣味性が大変に強い分野でも

あります。「見る人が見ればわかる！」とほくそ笑んで、うん十万円もかけて意中のタイヤとホイールを購入し、愛車に履かせてご満悦の〝クルマニア〟も多いのです。

相談のお子さんは、今述べたマニアと同じように、〝クルクル回るタイヤ〟そのものに心を奪われたのでしょう。そして、自分を心底楽しませてくれるそのタイヤを手に〝取って〟、肌身離さず、持ち歩いていたいのでしょう。これがこだわり行動になりました。

問題行動から、好ましい遊び行動に〝取り替える〟

親御さんからしたら残念なこのこだわり行動は、変更できるのでしょうか。できるものなら、周囲から見ても好ましい遊びの行動にしていきたいものです。たとえば、次のような考え方で、あとに紹介する方法を試してみてください。

お子さんに定着した、①タイヤ大好き→②タイヤをミニカーから取りはずす→③ミニカーをこわすという問題行動の図式を、①タイヤ大好き→②タイヤをブロック玩具の車から取りはずす→③タイヤ交換をして遊ぶという、好ましい遊び行動の図式に〝取り替え〟ていくのです。

ブロック玩具の車関係キットを与えてみる

近年、ブロック遊びの創造性が評価されて、ブロック玩具（レゴなど）が再び注目を集めています。大きなおもちゃ屋さんに行くとブロック玩具のコーナーがめだつところに設置されていて、ところ狭しと最新のキットが積まれています。その中に何種類もの〝車〟関係のキットがありますから、そのうち、何台か分のキットを購入して、〝はずし屋名人〟のお子さんに与えてみましょう。たとえばレゴブロックのタイヤは、一般のミニカーより大経で見ばえもよく、取りはずしも、ほかの車との交換も簡単ですから、お子さんを魅了すること間違いなしです。お子さんにとって、もう、わざわざ苦労して、かつ、叱られてまでミニカーからタイヤをはずす必要性は失われていきます。

ブロック玩具がはやっている、ということは、それだけ「卒業していく」人口も多くなる、ということで、ブロック玩具の中古品も大量にリサイクルショップなどに出回ります。その中に、車とタイヤがたくさん埋もれています。それをゲットして、お子さんの遊びに補充してあげれば、もう、ミニカーのタイヤに気持ちが戻ることもないでしょう。

発展系の遊びも用意する

ブロック玩具の発展系として、ラジコンカー作り・操作、ミニ四駆作り、競走というホビーの世界への挑戦をお勧めします。

週末、父と子、そして家族連れで、野原でラジコンに興じたり、ミニ四駆のサーキットでレースに夢中になったりと、家庭全体が変わります。

その第一歩として、お子さんの新たなタイヤを仕入れに、ホビーショップ（模型店）に足を運んでみましょう。ものすごい数のタイヤに、きっと目が奪われることでしょう。

先生、相談です。

困った、どうしよう!?

小6　男子

ASD

通常の学級に在籍

19 時計やラジオなどを何でも分解し、こわすことにこだわっています

うちの子は、ものの仕組みに関心が強く、何でもふたを取ってのぞきたがります。家中の時計やラジオ、CDラジカセなどの「ふたのついたもの」を探し出しては、ドライバーなどの工具を使ってどんどん分解してしまいます。手当たり次第に分解して、元には戻せず、全部こわしてしまいます。

機械こわしは楽し!

子どもにとって、道具を使っての分解作業は楽しいものです。ドライバーでねじを回し、はずしていくと、一気に箱の裏ぶたが取れて機械の中身が丸見えになる!期待で心臓がバクバクして、こめかみの血管も切れそうです! そして、「もっと先が見たい!」という衝動に駆られてねじをはずし続けますと、「わけがわからなくなって」もう「元には戻せない……」という落ちになります。

それで大人に大目玉を食らっても、〝あのときの感動〟は忘れられません。ある種、こだわり行動の形成です。

問題行動から、好ましい遊び行動に〝取り替える〟

18でも紹介した、問題行動から好ましい行動に〝取り替える〟考え方を試してみましょう。

お子さんの、①道具を使って→②機械を分解したい→③元に戻せない、という問題行動の図式を、①知恵の輪を使って→②リングを分解して→③達成感を得る・評価される、という好ましい遊び行動に〝代替え〟させていきます。

知恵の輪を託してみる

コンピューターゲームやスマートホンゲームが人々の欲望をかき立て、人との会話や余暇時間を奪っていくなか、地味ながらボードゲーム（テーブルゲーム）が復活してきました。それは、昔懐かしの〝アナログゲーム〟で電源はいらないけれど、対戦相手がいる、という対人的な遊び道具をさします。

具体的には、囲碁・将棋、オセロ、野球盤、ジェンガ、トランプ、人生ゲーム、マージャンなどがそれです。そして、そこに、知恵の輪遊びも入ってきます。

知恵の輪は今、静かなブームを迎えていて、小さなおもちゃ屋さんでも百円均一ショップでも取り扱うヒット商品になっています。したがって、初級、中級、上級、プロ級というような設定もあり、また、子ども受けする「車の形」や「動物の形」などの形態にも工夫があって、初心者でも簡単に手が伸ばせます。

この知恵の輪を「こわし屋」たるお子さんに託してみます。

これぞ、こわしてほめられる遊び!

いつもだったら「こわさないでぇーっ」と悲鳴をあげる親御さんが「さぁ、分解してみなさい」と背中を押してくれる。そして、試行錯誤の末に「パチッ」とリングがはずれた瞬間、「すごーい! 天才!」とほめちぎってくれる。こんなに楽しく、達成感のある「分解」はほかにないでしょう。これに味を占めて、機械こわしは減っていくか、消退していくことでありましょう。

コラム

こだわりにも飽きる？ マンネリ化する？

ソフビ人形での闘いごっこで日が暮れた幼少期。夢中でアイドルを追いかけた青春時代。特定のラーメン店に通い詰めた学生時代。私たちのこだわりは、熱中と飽きることの繰り返しです。

実は、ASDの人のこだわり行動も〝飽きて〟〝マンネリ化して〟もう辟易《へきえき》となる場合もあるのです。ただ、自分で区切りをつけることや、他に移行させるのが難しいので、惰性でもって、こだわりを続けているのです。

したがって、周囲がこだわり行動の対象を確保してあげても、以前のようには喜ばないし、逆に〝怒ってしまう〟とか〝不機嫌になる〟ことも生じます。

それは、「こだわり行動に飽きた」サインです。そこでは、こだわり行動の転換期＝新しいことへのチャンス！ ととらえて、「別のことで、もっと楽しもうよ！」というように具体的な代替物を提示して、誘ってあげてください。

先生、相談です。

困った、どうしよう!?

中1 男子

ASD +知的障害

特別支援学級に在籍

20 女性の更衣室をのぞき ロッカーを開けることをやめられません

特別支援学級に通っています。おとなしく、問題を起こさない子でしたが、女子生徒や女性教諭の更衣室をのぞき見したり、侵入してロッカーを開けて見たりして、問題になっています。現場をおさえた先生から注意を受けても、ヘラヘラと笑って反省の色がないそうです。このままでは停学処分になってしまいます。

思春期と女性への興味関心とこだわり行動

息子さんは、中学1年生で「性に目覚める」思春期の真っただ中にいます。女性に興味関心を抱いても不思議ではありません。ただ、その女性への興味関心とそれに伴う欲求を、「更衣室ののぞき見」や「ロッカーを開けて見る」ことで解消しようとするところは「幼稚」で、小学校の低学年が行う「スカートめくり」と同質だと思います。

要は、「僕は女の人に興味がある! わかってよ! だからかまってよ! 相手をしてよ!」という「かまって欲求」の「行動化」にほかなりません。したがって、

彼は、のぞき見やロッカー開けの現場を見つけてほしくて、なおかつ、そこで大騒ぎしてもらいたくて、行為に及んでいますから、先生に叱られても「目的達成！」とばかりに喜んで、ヘラヘラと笑っているのでしょう。

以上の状態は、①女性に興味関心がある→②直接話せないから、代わりに更衣室をのぞき、ロッカーを開けて、女性の反応を喜ぶ→③叱ってくれれば、注目されたことで満足→④それなりの成功体験があり、続けよう、という流れが形成されて、全体がこだわり行動となっています。

ベターからベストな対人関係構築へ

息子さんのもくろみは、女性や関係者の注目を集め、人からのかかわりも得られていますから、それなりに達成している、ということができます。しかし、このままいけば、女子生徒や女性教諭からは嫌われ、きちんとした交流の機会はますます遠ざかっていきます。そして、学校が課す罰則（停学処分）も気になります。つまり、息子さん自身にとって、この選択はベターなものかもしれませんが、他人からすれば迷惑千万な話です。

そこで、息子さんにも周囲にもベストとなるような方策を考えて、彼に提示することにしましょう。それが「特別支援学級でのクッキー作りと女性へのプレゼント」の企画です。これを私の経験に基づいて説明しましょう。

クッキー作りとお茶会を設定

これまで調理学習に関心の薄かった男子生徒でも「女性はおいしいクッキーが好きだし、プレゼントしたら喜ばれて、〝どうやって作ったの？　教えて！〟って、言われて会話も弾むよ」と説明すると、「作りたい！」と一気に動機づけが高まります。そして、できあがったクッキーを女子生徒や女性教諭に配ってまわらせて、「日頃のお詫《わ》び」と「お茶会のお誘い」も同時にさせていきます。

これだけでも、本人にとっては、興味ある女性との接点ができて、わずかでも会話ができますから大きな喜びになります。

ただ、ここでよしとせず、先生や支援者が本人と女子生徒や女性教諭との仲介役となって、本人の気持ちや言いたいこと、伝えたいことを「解説」したり「代弁」したりしてあげて、相手とのコミュニケーションを深めさせていきます。その場所としては、「クッキーのあるお茶会」がもってこいです。

仲介者は、本来彼が「女性と話がしたかったから、更衣室をのぞき、ロッカーを開けていた」と解説して、「こうしてお話しする場所が確保されるなら、もう、のぞきもロッカー開けも我慢する」ことを彼に誓わせます。

その後、本人のクッキー作りとお茶会での懇談は定着して、彼はどこにいても「クッキーの○○くん！」とみんなから声をかけてもらえるようになりました。すると当然、彼の興味から更衣室やロッカーははずされていったのでした。

迷惑行為がベストな行為に生まれ変わった

この成功事例は、①女性に興味関心がある→②クッキーを媒介に女性と直接話をする→③喜んでもらえて満足感や自信、意欲が増す→④人との関係も深まり約束を守るようになる→⑤クッキー作りに励んでいき（暇もなくなり）→⑥以前のこだわり（更衣室のぞきやロッカー開け）から卒業する、という流れで説明できます。

まさに、本人にとってはベターだが他人には〝迷惑行為〟だった一連の行動が本人と周囲にとってベストな行動に生まれ変わったのでした。息子さんへの対処の参考にしてください。

この対処方法は、相手をしてほしくて、たたく子、ものを隠す子などにも適用できます。

「停学処分」はあだになる可能性

参考までに、もし、学校が息子さんに「停学処分」を課した場合のことを推測してみましょう。きっと彼は、「かまってくれる人」を求めて、家から飛び出し街中を徘徊《はいかい》しては〝わざとらしく〟他人の家をのぞいたり、ときに無断で上がり込んだりして補導されることを繰り返す危険性があります。「停学処分」という〝教育的指導〟があだになる可能性を指摘しておきたいと思います。

先生、相談です。

困った、どうしよう!?

4歳 女子

ASD

保育園に在籍

21 赤ちゃんの顔を見ると、触ったり泣いている口をふさいだりします！

うちの子は、赤ちゃんを見ると駆け寄って顔を触ってしまう悪い癖があります。また、顔を触られた赤ちゃんが泣き出すとその口をふさぐので大問題となります。よせばいいのに、自分と関係のないところで泣いている赤ちゃんの、口もふさぎに突進するので、本当に困っています。

ASDの子どもが赤ちゃんにこだわるわけ① ほっぺ

赤ちゃんのほっぺのもちもちした感触と、そしてしっとりした肌触り。この、ほかでは体験できない〝触り心地〟にASDの子どもも魅了されているようです。もともと、感覚的な行為や遊びを好むASDの子どもたちなので、その感覚を満たしてくれる赤ちゃんを目ざとく見つけて、衝動的に駆け寄っては、周囲の状況や相手の都合など考えもせずに、「もちもち感」と「しっとり感」にひたってしまうのでしょう。

ASDの子どもが赤ちゃんにこだわるわけ② 泣き声

ＡＳＤの子どもは聴覚過敏をもっている場合が多く、甲高い声や赤ちゃんの泣き声を苦手とする傾向が強いようです。特に赤ちゃんは、本能的に自分の窮状を周囲にアピールしようとして泣くわけですから、耳触りがよいわけがありません。ほうっておけば自分が居たたまれないとふんで、ＡＳＤの子どもはとっさに〝音源〟を押さえにいくのでありましょう。

ただ、そこに「赤ちゃんが泣くのは、悲しいから？ 寂しいから？」という感情的な判断が加われば、「なぐさめよう」とか「あやしてあげよう」という別の行為が生起しそうですが、ＡＳＤの子どもの場合、そうはいきません。それは、彼らが人の感情認識をも苦手とするからにほかなりません。

さらにＡＳＤの子どもは、過去のトラウマをうまく解消できないで、フラッシュバックに苦しむことがわかっています。ＡＳＤの子どものなかには、自分が泣いた、泣かされた苦い経験を赤ちゃんの泣き声からフラッシュバックしてしまい、必死になって、泣き声を押さえにいく、という解釈も成り立ちます。

要するに、ＡＳＤの子どもが赤ちゃんの〝泣き声〟に強く反応するわけは、①聴覚過敏に障るから、②赤ちゃんの感情を理解できないから、③フラッシュバックが起きるから、の３点だと考えられます。

かかわり方とルールを教え、守らせる

世の中には相手方に尋ねてみないと「受け入れられるか」「拒否されるか」わからない事柄がままあります。この「赤ちゃんのほっぺを触る」ことも実際に聞いてみないとわかりません。したがって、ＡＳＤの子どもに「触ってはいけません」とは一方的には言えません。ただ、赤ちゃんをもつ親の身としては、「見ず知らずの子どもに赤ちゃんを触らせたくないわ」と拒否的に思うのは当然で、「いいわよ、大丈夫ですよ」と言ってくれるのは少数でしょう。

そのような理解のうえで、赤ちゃん好きのＡＳＤの子どもの親御さんは、常日頃、次のようにお子さんに説明して、言い聞かせておきましょう。

「赤ちゃんを見ても突進せず、お母さん（お父さん）と一緒にゆっくりと近づいていって、ちゃんと挨拶をして、それから『赤ちゃんが好きなので、ほっぺを触ってもいいですか』ときちんと聞いてみて、『どうぞ、いいですよ』とお返事されたら、焦らないで、赤ちゃんを驚かせて泣かせないようにして優しく、触ること。でも、『だめです』と断られたら、きっぱりとあきらめること」。

聞くこと・待つこと・あきらめることの努力の機会に

つまり、お子さんの「赤ちゃんを触りたい」という欲求を利用して、「聞くこと」「待つこと」「あきらめること」などのルールを教えていくことが大切です。そこには、〝高いところにある望みは、相応の高い努力をしなければ手が届かないが、強い望みがあるのだから、努力はいとわないこと〟という覚悟が必要となります。この対処方法は、散歩中のよそのペットに触りたがる、男性のひげに触りたがる、スキンヘッドを触りたがる、といったケースに応用できます。

泣いている赤ちゃんを避ける対策も必要

赤ちゃんの泣き声に反応して、それを止めるために口をふさいでしまうASDの子どもには、以下の対策が必要です。

①「呼吸法が確立していない赤ちゃんの口をふさぐことは、危険で犯罪になる」のでしてはいけない、と言って聞かせます。

②「泣くことは赤ちゃんの仕事であるから、やめさせられない」ので「泣き声が嫌いな人は、その場に近づかない、避けること」と教えます。

③「それでも泣き声が気になるときは、イヤマフや耳栓を使って音を遮断すること」を勧めます。

④また、「苦手なことや物から気持ちをそらすために、視線をそらす、見ないようにすること」をふだんから練習しておくように促します。

⑤「緊急避難策として、母親（父親）のスマートホンで好きな動画を見て、気持ちをそらすこと」もできる、と伝えます。

この、泣いている赤ちゃんを避けるという対処方法は、泣いている下級生やクラスメイトを見つけるとたたきにいく、ほえる犬に遭遇すると向かっていく、といったケースで応用できます。

コラム

イヤマフを有効活用させるために

音楽用のヘッドホンと同じ形をしていますが、イヤマフは音楽を聴くためのものではなく、耳に入ってくるさまざまな音（聴覚刺激）を遮るためのものです。音楽プレーヤーやスマートホンとの連結コードがないので、一般のヘッドホンとの識別が可能です。

イヤマフは、聴覚過敏で苦しむ子どもが用いますが、場所や時間帯、使用時間などのルールをあらかじめ決めたうえで使用させることが肝心です。それを怠り、使用を子どもに任せた結果、これにこだわってしまい、入浴と睡眠時以外ははずせなくなってしまったＡＳＤの子どもがいます。

子どもの安心と安定を確保する貴重なものなので、使用方法と管理の仕方をきちんと教え、わからせて有効活用させたいものです。

「ヘッドホンではない」「聴覚過敏対策に有効」「使用ルールを守らせる」といったことを、周囲にも周知してください。

先生、相談です。

困った、どうしよう!?

5歳

女子

ASD + ADHD

保育園に在籍

22 担当の保育士さん以外になつかず、困っています

人へのこだわりが強く、担当の保育士さん以外の人の言うことは聞きません。そして、その保育士さんが出張で不在だったり、病気で休んだりすると、一日中不安定で手に負えなくなるようです。ほかの保育士さんも、嫌ってくる子にはかかわりづらいようで、うまく関係がつくれていません。どうしたらいいでしょうか。

マンツーマンこだわりが起きている

ASDの子どもは、自分にかかわる特定の人間にこだわって、その人としか遊ばない、その人の声かけにしか耳を貸さない、その人からの指示にしか従わない、その人からでないと物を受け取らないなどの〝おひとり様限定の応対〟に出ることがあります。また、その対象者が不在だと不安になって落ち着かなかったり、探し回ったり、泣き続けて関係者の手を焼かせたりします。

これを「マンツーマンこだわり」とよびます。そして、この対象は保育士（特に加配の先生）や学校の先生、特別支援教育の補助員のみならず、親やきょうだいに

も及びます。

マンツーマンこだわりをやめさせる？

マンツーマンこだわりは特定の人を限定的にとらえ、相手にして、かかわろうとすることが問題なのですから、このこだわり行動をやめさせていくという性質のものではありません。進むべき方向としては、「特定の人から周囲へと対人関係を拡大させていく」ということになります。

したがって、これまで築いてきた特定の人（保育士や先生など）との関係を断ち切ってはいけないのです。逆に、その深い関係を利用し影響力を活用して、ＡＳＤの子どもの狭い対人関係を広げていくことが、この対処の核となります。

大人の側にも反省すべき点あり

マンツーマンこだわりへの対処を述べる前に、マンツーマンこだわりが形成されてきたことへの反省を促したいと思います。

端的にいって、マンツーマンこだわりはＡＳＤの子どもだけの責任ではなく、こだわりの対象にされた先生や大人も一緒になってこのこだわり行動をつくり上げてきた、ということを認識してもらいたいということです。

多動でひとり遊びが好きで、ほかの子と交わろうとしないＡＳＤの子どもに加配

や補助員としてマンツーマン対応すると、結局〝二人だけの世界〟が形成されてしまい、よけいに孤立化が進んでいきます。そして、気がつくと、二人して〝相手は目の前の相手しかいない〟という状態のマンツーマンこだわりに陥っていくのです。

こだわりを〝利用〟〝活用〟して対人関係を拡大

先に「その深い関係を利用し影響力を活用して、ASDの子どもの狭い対人関係を広げていくことが、この対処の核」と述べました。次にその具体例を紹介します。

愛ちゃん（仮名）は、相談のお子さんのように、加配の保育士さんの言うことにしか耳を傾けませんでした。まわりの子が話しかけても背を向けて、保育士の手を引いてその場から逃れていってしまいます。その光景を見た特別支援教育コーディネーターが、加配の保育士さんにこうアドバイスしました。

①加配の保育士が、愛ちゃんと他児の仲介役となること。つまり、会話の〝取次役〟を担うこと。具体的には、「愛ちゃん、○○ちゃんが愛ちゃんも△△で遊ぼうって、誘ってくれているよ。先生も一緒に行くから、参加してみない？」というように誘ってみて、「○○ちゃん、愛ちゃんは今、考えているみたいだから、ちょっと待ってね。そして、あとでまた、誘ってね。ありがとう」と愛ちゃんの様子を○○ちゃんに返してあげること。

②加配の保育士が、他児との接点になること。他児に愛ちゃんが誘われたら、加

配の保育士が積極的に応じて見本となって、「先生がやってみたら、楽しかったよ。だから、愛ちゃんもやってみない？」と誘うこと。

③加配の保育士が、ほかの保育士を愛ちゃんに紹介して交わらせること。加配の保育士の研修、病欠、担当替えを想定し、彼女の愛ちゃんに対する影響力を活用して、「先生が紹介してくれた先生だから、大丈夫」と愛ちゃんに安心感を与え、その気にさせること。

愛ちゃんと加配保育士さんのその後

以上のようなアドバイスを受けて、加配の保育士さんが実践に移したところ、徐々に愛ちゃんがほかの子と交われるようになり、加配の保育士さんとの〝分離〟も可能となって、ほかの保育士の指示も入るようになりました。加配の保育士さんもときに愛ちゃんから離れて、ほかの子の面倒を見たりほかの保育士のお手伝いにまわれるようになって、園内での役割にも幅がもてるようになりました。

特別支援教育コーディネーターが彼女に「最近、はつらつとしてお仕事していますね」と声をかけると、「そうなんです！　以前は愛ちゃんが気になってトイレにさえも行けませんでした。何かあったら私の責任っていう思いが強すぎて、愛ちゃん以外、見えませんでした。それが愛ちゃんのこだわりを強くさせたかもしれません。反省ですが、いい教訓です」という返事が返ってきて、安心したといいます。

先生、相談です。

困った、どうしよう!?

小4 男子

ASD

通常の学級に在籍

23 家の新築に反対して、泣いたりわめいたりします

今度、家を新築することにしました。家族のためを思っての決断でした。しかし、ASDの息子は反対のようで、引っ越しを決めた翌日から様子が変わってきました。具体的には、すぐ感情的になって怒ったり、泣いたり、わめき散らしたりします。何がいけなかったのでしょうか。そして、どうすればいいのでしょうか。

家や部屋へのこだわりはかなり強い

人への愛着よりも「物への愛着」のほうが強い。だからこだわり行動がめだってしまう。ASDの人の特徴の一端でありましょう。

家も部屋も人にとって当然、愛着の対象です。ASDの人にとってはなおさら、愛着の強い対象であります。

ASDの人にとって、長年住み慣れた環境である家と部屋は、「変えたくない」と思うのは当然ですし、現在の状況を「やめたくない」と願うのも当然です。そして、ASDの彼らは、新居での生活も引っ越しも「始めたくない」という不安や抵

抗心でとらえていることでしょう。

いうまでもなく、ここにＡＳＤの人のもつこだわり行動の３つの特徴（変えない・やめない・始めない）がよく反映されています。これらの〝こだわり〟にまつわる不安や抵抗心が息子さんの気分変調につながっている、と考えて間違いないでしょう。

手順に従って見通しをもたせ、新しい家への愛着を育てる

幸い、家が新築されるまではいろいろな〝工程〟があり、〝時間〟もかかります。つまり、実際の〝転居の日〟までに長い〝猶予期間（モラトリアム）〟があるのです！　これを有効活用して、息子さんに見通しをもたせ、心がまえをさせて、かつ、納得させて引っ越しに臨ませればよいのです。

具体的には、家が建っていく工程と現場を逐次見せながら、工程表でもって説明もしていきます。地面に基礎ができたら「ここが玄関になって、こっちがキッチンで、この辺が子ども部屋だ」というように位置確認をするのもよいでしょう。そして、土台に屋根が乗ったら、キャンプ気分でお弁当などを広げて楽しんでくるとよいでしょう。

要するに、段々と構築されていく現場に立ち会わせて、新しいその家に対しても、〝愛着〟をもたせていくことが大事なのです。

儀式（セレモニー）で区切り

新築の家に対して「変えない（今の生活を変えない）」「やめない（今の家から離れられない）」「始めない（新しい家を認めない）」という、こだわり行動の3特徴を表しやすいＡＳＤの人たち。転居が決まってもなかなか現在の家や部屋に〝踏ん切り〟がつきません。そうした状況に有効なのが「別れのセレモニー」です。

たとえば、家や部屋の愛着みなぎる各所に、「長い間ありがとう！ さようなら！」と息子さんに書かせた札を、本人と一緒に貼ってまわります。併せて、花一輪でも添えていくとなおよいでしょう。そして、実際、「長い間、お世話になりました。お疲れさまでした」などと声に出して言ってみましょう。

この別れに際しての「書く」「貼る」「それを客観的に見る」「別れを口に出して言う」「みんなで行う」という一連の行動（セレモニー）で〝別れられない気持ち〟に区切りがつくことでしょう。そして〝引っ越しモード〟のスイッチも入ると思います。

家具調度品にも

新築建物への引っ越しには、たくさんの処分品が出ます。その処分をいちいちみんなで評議し、詳しく鑑定するのは、手間と時間のかかることで、悩みの種です。

しかし、ある家族の場合、引っ越しの際に居間の汚れたソファを処分してきたところ、ＡＳＤの二人のきょうだいの怒りを買い、不安をもたらして、そのあとが大変でした。思い返せば、このきょうだいは、そのソファとともにずっと一緒に暮らしてきたのです。

したがって、家族にとって〝思い出深い〟家具調度品を処分するのなら、〝一つ一つ〟先のセレモニーを実施していきましょう。

先生、相談です。

困った、どうしよう!?

5歳 女子

ASD

幼稚園に在籍

24 大好きなはずの祖父母との同居に抵抗します

転居にあたり、前もって何度も話したり家ができる過程を見せたりしたので、それは受け入れたようです。ところが、父方の祖父母との同居には猛抵抗。因果関係は不明ながら、それまでの言葉も出なくなりました。大好きな祖父母で問題ないと思ったのにショックです。これから生まれるきょうだいとの関係も心配です。

祖父母との同居やきょうだい誕生は予想外のライフイベント

人には人生の節目節目に大きなライフイベントが訪れ、転機も起こります。家の新築や転居も大きなライフイベントの一つです。

そして、「思いのほか、大きな家になった」とか「部屋が余っている」もしくは「ローンの支払いが不安だ」等々の理由から「祖父母との同居」に急転回するケースもあります。

このような〝予想外〟のライフイベントに〝弱い〟のがASDの人たちです。おじいちゃん、おばあちゃんのことは好きだったのに、同居するという形態が受け入

れられないで、拒絶し文句を言って、家族を悲しませることになるのです。

また、転居を機にきょうだいが生まれ、家族が増えることも大きなライフイベントであり、ＡＳＤの子どもからすれば〝予想外〟なので、大きな動揺をもたらします。

折れ線型の発育状況に陥ると言葉の消失も

このように、家の新築には、転居や祖父母との同居、きょうだいの誕生等々、別のライフイベントが伴います。その結果、〝予想外を超える予想外〟ということで、ＡＳＤの人の動揺や混乱が増して、心身の不調を招く危険性が高まります。子どもの場合、「言葉の消失」などのいわゆる折れ線型の発育状況に陥ることもあるので、要注意です。

お子さんの場合も、ショックのあまり、折れ線型の発育状況に陥ったのかもしれません。対応としては、「おじいちゃん・おばあちゃんと一緒でよかった！」と実感できる関係づくりを、改めて行うことをお勧めします。

きょうだいの誕生に備えて

母親の出産。ＡＳＤの子どもからすれば、母親が入院し、わずか数日でも不在となることは、大きな事件です。そして、きょうだいの誕生。突然、小さな赤ちゃん

が出現して、しかも、母親のわきにくっついて、母親を独占している。母親も赤ちゃん中心になって、自分のことを「お兄ちゃん（お姉ちゃん）」なんて呼ぶように大きく変化する。ＡＳＤの子どもにとって、天地がひっくり返るほどの動乱であり、大ショックです。

「自分の平穏な生活を打ち破り、主役の座を奪っていった、この変化の主は誰だ？」「邪魔だ、コイツ！」「あっちへ行け！」「泣くな！　うるさい！」等々、お兄ちゃん・お姉ちゃんＡＳＤには、さまざまネガティブな感情がわき起こります。

それが赤ちゃんへのちょっかいやいじわる、攻撃につながることがあります。

赤ちゃんは、両親からすれば、神様からの贈り物である天使。しかし、ＡＳＤの子どもからすれば、突然やってきた得体の知れない悪魔の子、なのかもしれません。

この認識の格差に気がつかないまま、一方的にお兄ちゃん・お姉ちゃんＡＳＤを叱り、行動を抑制しようすればするほど、ＡＳＤの子の気分は害され、そして、きょうだいへの悪さや攻撃は〝こだわり〟として固着していきます。

その悪循環を形成させないためにも、きょうだいの誕生を早いうちから事前説明して、家族みんなで誕生を待ちわびる態勢をつくって、赤ちゃんを迎えたいものです。そして、「赤ちゃんも大事」「お兄ちゃん（お姉ちゃん）もすごく大事！」と言ってあげてください。

コラム

ライフイベントがもたらすリスク

長い人生、人には避けて通ることのできない重要な出来事が待っています。それをライフイベントといいます。

出生から始まり、入園、入学、卒業、進学、就職、退職、転職、昇進、左遷、転勤、結婚、転居、新築、親世帯同居、妊娠、出産、家族との死別、子どもの自立等々、ライフイベントは続きます。

これらのライフイベントには、大小さまざまなストレスが伴います。一般的には、うつ病のリスクが高まることも知られています。

そして、ASDの人の場合、幼児期は「折れ線型」という発達の退行が生じたり、学童期は不登校、引きこもりなどの危険性が高まったり、成人期では先に述べたうつ病などが心配されたりします。

先生、相談です。

困った、どうしよう!?

小1 男子

ASD

通常の学級に在籍

25 「一番こだわり」について教えてください

ASDのうちの子は、3人きょうだいの末っ子ですが、何に関しても家族の中で一番でないと怒り出して、手がつけられなくなります。家では家族が我慢をしてその場を収めていますが、学校ではほかにも「一番!一番!」と騒ぐ子どもがたくさんいて、収拾がつかない模様です。この「一番こだわり」について教えてください。

よく知られた定型の「一番こだわり」には3タイプ

ご相談にある「一番こだわり」は、自分が「一番最初に指名されないと怒り出す」「一番にならないと気がすまない」「100点をとって一番にならないと納得できない」という特徴的な言動で知られていますね。

世間では「一番病」などと称されて、軽く扱われてしまうことも多いのですが、それは危険です。なぜならば、「一番!」にこだわらざるを得ないASDの子どもたちのそれぞれの「理由」が背景にあるからです。

たとえば、精神的に幼いASDの子どもは、自分の順番を見通せずに「待てな

い」から不安になって「一番〝最初〟に！」と騒ぐのです。一方、負けず嫌いで人に注目されたいタイプの子どもは、「人に勝ってめだちたい」から「オレが一番だ、オレを一番に！」と懇願するのです。そして、「きちっとくん」（辻井・吉橋・田倉・林、２００９）タイプといって完璧主義の子どもは、「100点という完璧な一番をめざして」自分を鼓舞し続けているのです。

これら３つのタイプ（①待てない、②負けず嫌い、③きちっとくん）の「一番こだわり」は、よく知られていますので、「定型の一番こだわり」（白石２０１３）とよぶことにします。

ピラミッド型の「一番こだわり」

さて、「一番こだわり」には、こうした「自分を一番に！」という「定型の一番こだわり」のほかに、「自分が一番とみなした人にしか従わない」という「対人的な一番こだわり」もあります。家庭内ではたとえば父親か母親が、学校では校長先生が、組織の〝頂点〟と目されて、〝唯一の指示系統〟であると決められてしまうのです。したがって、このタイプの子どもからすれば〝頂点〟以外の人間は、注目度が著しく下がって〝以下みな同じ〟というおざなりな扱いにされてしまうことになります。これを「ピラミッド型の一番こだわり」（白石２０１３。次ページ下の図も参照）とよぶことにします。

この場合、父親がその対象であると、しばしば「たとえ、おじいさんや学校の先生、はたまた校長先生であっても聞く耳を持たない」という横柄な態度に出ることがあるので、家庭や学校でも大きな問題となります。

回避型の「一番こだわり」

また、「自分を決して〝一番にしないでほしい！〟」と願い続けているASDの子どももいます。これを「回避型の一番こだわり」（白石、2013）とよびます。

このタイプの彼ら・彼女らは、人前で積極的にふるまうことに苦手意識をもっていたり、人前で失敗して恥をかくことを恐れていたりするので、彼ら・彼女らに先鞭《せんべん》をつけさせることは避けていきたいものです。

しかし、自尊感情は強いので、たとえば学校の授業などにおいては、一番先の指名は避けつつも、状況を見ながら指名したり、発言させせたりするといった配慮も必

[ASDの子の「ピラミッド型」人のとらえ方]

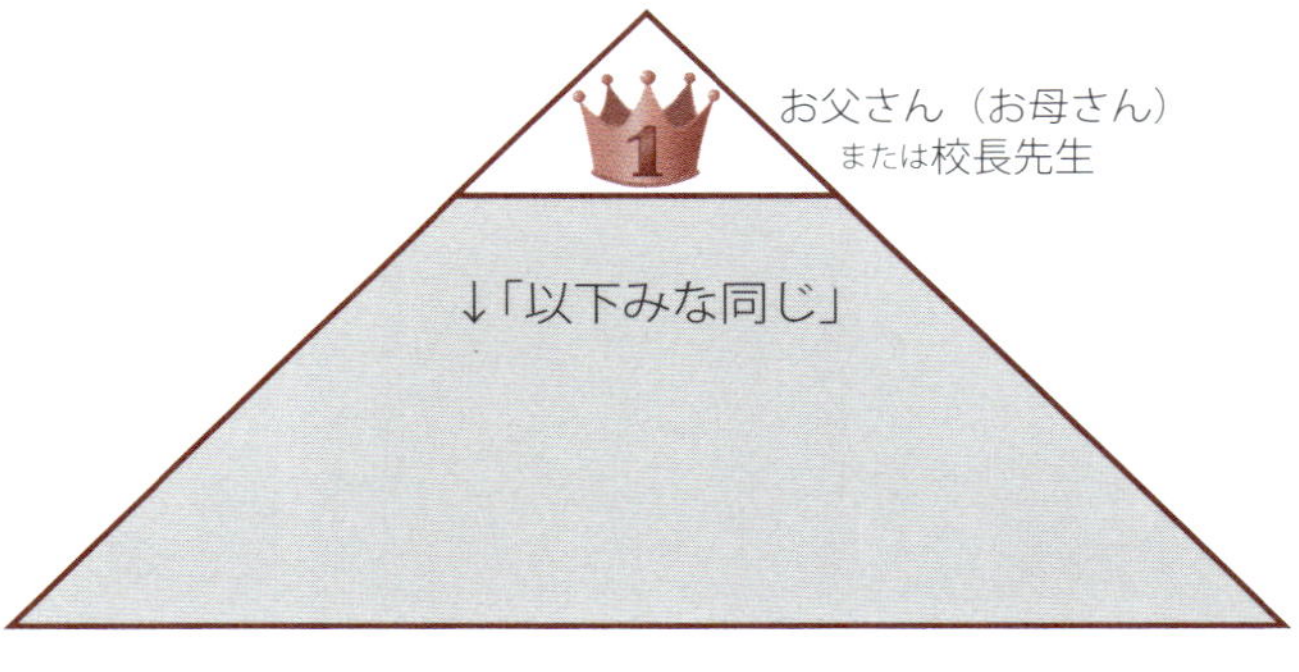

要です。

タイプに応じた対応が必要

以上のように「一番」にまつわるこだわりにもいろいろなタイプがあることがわかりました（下図参照）。

したがって、「一番がいい！」と主張する子どもたちを十把ひとからげにして、ぞんざいに扱ってはいけない、ということです。ＡＳＤの子どもそれぞれに適した対応があります。

詳細は26に譲り、ここでは簡単な説明にとどめますが、精神的に幼い子どもには、視覚支援で見通しをもたせること。負けず嫌いでめだちたい子どもには、平素から十分に目をかけ、声をかけ相手をして、満足させておくこと。すると、「二番、三番でもいいよ！」と折り合ってくれるようになります。「きちっとくん」タイプは、ストイックに自分を追い詰めていくタイプでもあるので、強迫症に陥る危険性があることを念頭に置きながら、心身のリラクゼーションの仕方を教えていくことが大切です。

[一番こだわりの分類]

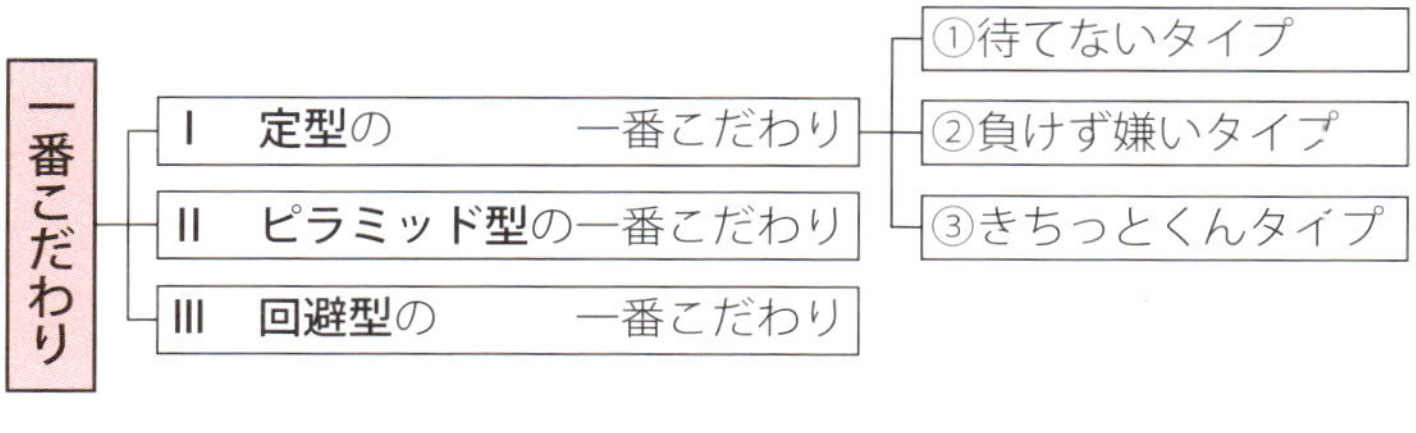

先生、相談です。

困った、どうしよう!?

小3 男子

ASD

通常の学級に在籍

26 「一番こだわり」の対処法を教えてください

いろいろな「一番こだわり」があることがわかりました。そして、それぞれの理由も知ることができました。それでは、それぞれのタイプに適したかかわり方を教えてください。ちなみに、うちの子の場合は、回避型のように思われます。算数の問題が誰より早く解けても、先生に見せに行くのは絶対一番には行きません。

「定型の一番こだわり」には、そのタイプに応じて

【待てないタイプ】 何よりも、見通しをもたせた生活を送らせるように心がけましょう。そして、場面場面でそのつど、よく状況を見せて、人が集まる場所には「順番があること」と、それを待てば必ず「自分の順番がきて、したいことができること」をよくわからせていきましょう。

また、「待てない」状況と状態を絶えず想定しておいて、待つことを苦痛に感じさせないような、気を紛らわすためのおもちゃや本を常に用意しておくことが望ましいと思います（p158のコラム参照）。そして、それらによって安定した状態で過

ごせたならば、きちんとほめてあげることが大切です。そうした一歩一歩の地道な積み重ねが重要です。

【負けず嫌いタイプ】 負けず嫌いでめだちたがり屋。いつも「オレが！ オレが！」とうるさいぐらいに騒ぐので、きょうだいや親、ときに担任の先生からも、疎《うと》まれてしまいます。このタイプの子どもは、「他者」のことも強く意識していることから、相手を口汚く罵《ののし》ったり、攻撃をしかけたりもします。その反面、自信を失ったり自暴自棄になったりもしますので、日頃からの配慮とケアを怠ってはいけません。

具体的には、このタイプの子どもの長所である、元気のよさとムードメーカーとしての存在を大人が認め、よくほめてあげて、しっかりと受け止めていくということです。すなわち「目をかけ、声をかけ、手をかける」というアプローチを心がけることです。

これらを基盤としていけば、ときに家庭内で「二番、三番になっても」または「きょうだいに負けたとしても」、家族の「諭し」や「なぐさめ」を徐々に聞き入れてくれるようになって、たとえ落ち込んだとしても、その回復が次第に早くなっていくことでしょう。

【きちっとくんタイプ】 このタイプの子どもは、完璧主義者の問題をもっています。それは「100点＝満点にこだわる」ために、「1つの失敗でも99％の成功が台な

定型、
ピラミッド型、
回避型、
それぞれに
対処のコツが
あります

しになる」ので、「自分はだめだ！」と自信喪失に陥って、自己評価も下げ続けてしまうことです。それがいらだちや感情爆発、または突然のパニックのもとになります。そして怖いことに、確認強迫や手洗い強迫などの強迫症という精神疾患に発展する場合もあるのです。

このタイプの子どもは、いうまでもなく成績のよい子なので、前もって理詰めでよく説明しておいて、本人が困る事態に備えさせることが可能です。たとえば、「世界のマイクロソフト社だって、すべてのウイルス感染を完璧に回避できるわけではない。しかし、この会社の信頼性はゆるぎないものである」から「君の99点も誇れる結果だ」と説明します。

また、成績優秀なこのタイプの子どもには、学校において「ゆっくりタイプ」のクラスメイトの手助けを積極的に行わせるとよいでしょう。この「人を助ける経験」から「多少の失敗があっても大丈夫さ！」という、相手への励ましの言葉が生まれ、結果、それが自分への教訓となって返ってきて、心に響いていくことでしょう。このように学校と連携してみてください。

なお家庭においては、弟や妹がいる場合、その勉強のお世話にあたらせるとよいでしょう。ただし、それへの心的・物的報酬は納得いくものを設定してください。

ピラミッド型の「一番こだわり」の場合

このタイプのASDの子どもの場合、「ピラミッド型による人のとらえ方」は素質であるととらえたほうがよいでしょう。正すとか治すとかというアプローチをするのではなく、反対に、それに合った方向に進めていくのがよいと思います。たとえば、お父さんの言うことしか聞かない子どもであれば、そのお父さんを〝活用〟して、お父さんからいろいろと指示を出してもらって、お子さんの「適応行動」を増やしていく、という方向です。その内容としては、宿題、予習、きょうだいの世話や家事手伝い、地域の子ども会の役割等々があります。

さらにその延長線上の取り組みとしては、リーダーシップに優れたコーチのいるスポーツチームを選ぶとか、カリスマ講師のいる塾に通わせることもよいと思います。将来の進路としては、組織の力学がはっきりとしている警察官や消防士、自衛官という分野をめざすのもよいでしょう。

その反面、「カルト集団にはまってしまうと、脱することができにくいタイプ」でもありますから、特に注意していきましょう！

回避型の「一番こだわり」の場合

人より「めだつこと」や「注目されること」に敏感で、積極的にそれを回避したがる子どもがいます。ASDでその傾向にある子どもは、特に学校において、その回避策でもって常に頭がいっぱいで、疲弊しています。相談のお子さんもこのタイ

プというわけでしょう。

したがって、家庭では「一番にならなかったこと」や「あえて一番を避けたこと」を責めたりとがめたりしないでください。

ただし、注意したいのは、お子さんを含めＡＳＤの人たちが「自分をあてないで」「ほめないで」とは願っていない、ということです。きっと人に発言を聞いてほしいと思っていることでしょうし、人にほめられたいと願ってもいることでしょう。当然、プライドもありますから、「一番がいやなら、最後ね」とか「あなたは、あとまわしね」という対応では不満も募ることでしょう。

大事なことは、ＡＳＤの人たちの「価値観」をまずは大人が認めてあげて、「一番最初には指名しない（けれども指名は忘れない）」ことと「人前では過剰にほめない（けれどもほめのサインは示す）」ことだと思います。

コラム

ササッとくん

25で紹介したように、〝待てないタイプ〟のASDの子どもは、自分の順番を「待てない」ので「我先に」となって「一番！　一番！」と主張していました。

それに対して、何事も「ササッと」すませて、即座に終わらせることにこだわるASDの子どもがいます。このタイプの子どもは、とにかく「終える」ことにがむしゃらとなって、完成度は二の次になるために、中途半端な仕事が多くなります。食事も「食べ終えるために食べている」ようで、ごはんをかき込み、おかずを丸のみにして、食べ物を味わう様子ではありません。

私は、このタイプのASDを「ササッとくんタイプ」とよんでいます。

対応のコツは、彼らのせわしなさに巻き込まれず、一定のペースを保ちながら、伝えることは伝え、行わせることは最後の仕上げまできちんと行わせることにあります。

先生、相談です。

マネジメントの実際

先生、相談です。

マネジメントの実際

高1　男子

ASD

通常の学級に在籍

27 こだわり行動とうまくつきあっていく方法を教えてください

高校生になったASDの息子のこだわり行動に、これまでずっと振り回されてきました。対症療法だと〝モグラたたき〟そのもので、結局、こだわり行動の種類が変わるだけで親の困り具合は軽減されないことも知りました。こだわり行動とうまくつきあっていくには、どうすればいいのか教えてください。

こだわり行動のマネジメント・アプローチが必要

ストレスの多い現代社会に生きる私たちは、ストレスをなくすことはできません。そこでストレスを「アセスメント（調査と評価）、管理、操縦して、上手につきあっていく」という〝ストレスマネジメント〟に大きな注目が集まっています。ASDの人のこだわり行動もストレスと同じで、なくすことはできません。したがって、そのこだわり行動にも「アセスメント（調査と評価）、管理、操縦して、上手につきあっていく」〝マネジメントのアプローチ〟が必要になっています。

そのこだわり行動は多種多様で対象も千差万別。しかも、ASDの人たちは一人

で複数のこだわり行動を表すことでも知られています。したがって、「ASDのこだわり行動」という大雑把なとらえ方では、個別的な対応はできにくいのが現状です。そこで、私は、まず2種類のレーダーチャートを用いて、①個人のこだわり行動と、②個々のこだわり行動のアセスメントを行っています。

レーダーチャート1「生活とこだわり行動」について

【こだわり】 その子がもついくつかのこだわり行動を思い浮かべて、こだわり行動全体（個々のこだわり行動についてはレーダーチャート2において詳しく評定）のイメージを〈激しく強い・強い・ときどき・少ない〉の順に評定します。

【拡大性】 ASDの人のこだわり行動は、対象を拡大させていく傾向にあり、放任や強圧的な接し方で助長されます。この項目は、周囲のかかわりをチェックする意味も併せもっています。〈大・中・小・ない〉の順に評定します。

【ほかの楽しみ】 こだわり行動だけが楽しみ、という状態では、こだわり行動は強まっていきます。逆に、ほかに楽しみがあるのなら、それを活用して徐々に問題性のあるこだわり行動を減らすことも可能です。それを見いだすために、〈まったくない・1～2つはある・3～4つはある・たくさんある〉の順に評定します。

【知的な遅れ】 知的障害が重度の場合、こだわり行動のほかに楽しみを見つけるのは難しいことです。療育の原点に帰り、発達を底上げしていくことから始めまし

ょう。逆に、遅れがなかったり軽度な場合は、事前説明や言い聞かせによって、ある程度、我慢させたり、変更を理解させたりすることも可能となります。そのために、ここでは、知的な遅れの状況を〈重度・中度・軽度・ない〉で評定します。

【人とのやりとり】人とのやりとりの状況によって、こだわり行動への対処の仕方が変わってきます。人とのやりとりが楽しめれば、こだわり行動の代替案も提示できます。逆に、人とのやりとりができないことから、自己流や独りよがりが増してこだわり行動も増え、固着していくことにもなりかねません。こだわり行動に限らず、ＡＳＤの人にかかわるうえでの重要なポイントです。これは、〈ほとんどできない・限定的にしかできない・多少できる・できる〉で評定します。

【困り度】周囲の人が感じる「困り具合」をさし、評定する人の立場や経験によって異なってくるものです。たとえば、子どもを保育園に預けている親御さんは、日中活動におけ

[レーダーチャート１／生活とこだわり行動]

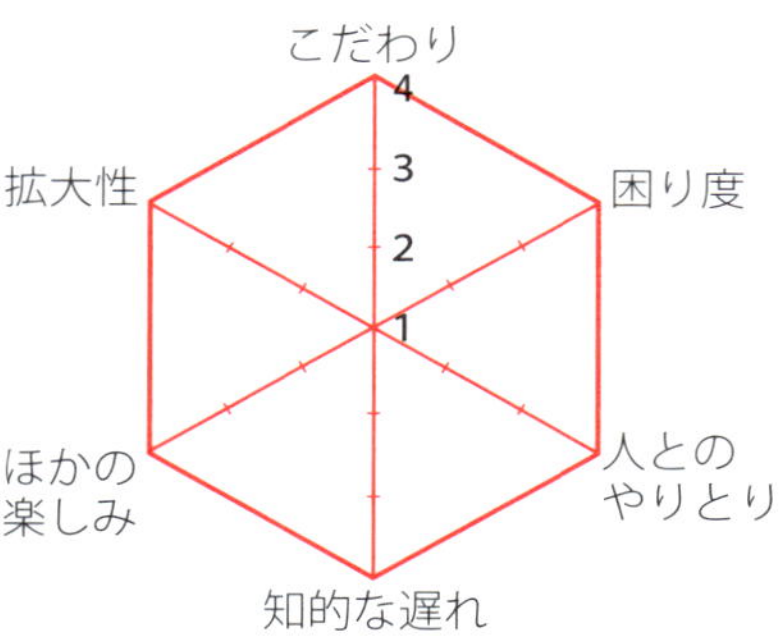

- **こだわり**
  4　3　2　1
  激しく強い・強い・ときどき・少ない
- **拡大性**
  大・中・小・ない
- **ほかの楽しみ**
  まったくない・1～2つはある・3～4つはある・たくさんある
- **知的な遅れ**
  重度・中度・軽度・ない
- **人とのやりとり**
  ほとんどできない・限定的にしかできない・多少できる・できる
- **困り度**
  非常に困る・とても困る・やや困る・困らない

る子どものこだわり行動は知りませんから、〝困らない〟ですが、保育士さんたちは〝非常に困っている〟場合があります。また、ベテランのお母さんなら〝困らない〟子どものこだわり行動でも、新前のお母さんなら〝とても困る〟こだわり行動として評されることがあります。この項目は、あえてその「関係性」を見るために設けられました。〈非常に困る・とても困る・やや困る・困らない〉で評定します。

レーダーチャート２「こだわり行動の分析」について

【強さ】 特定のこだわり行動の強さを〈激しく強い・強い・やや強い・弱い〉で評定します。

【頻度】 特定のこだわり行動が現れる頻度を〈常に・ことあるごとに・ときどき・まれに〉で評定します。

【継続期間】 「これまで続いてきた期間の長さ」によって測り、〈何年も・何か月も・何週間も・最近〉で評定します。最近始まったこだわり行動で問題性が心配ならば、〝固まらないうち〟に対処することを勧めます。また、何年にもわたって続くこだわり行動は、習慣化されて〝固まり〟変更しにくい反面、「マンネリ度」が高まって「飽きている」可能性が出てきます。これは次の項でも改めて評定します。

【マンネリ度】 ＡＳＤの人たちのなかには、自分のこだわり行動に「飽き飽きしている」にもかかわらず、「無理して行っている」という人がいます。この状態の

人には、指導的な介入がしやすい場合があります。反対に「目を輝かせて」こだわり行動を遂行している人には、介入が難しいものです。平素から、このマンネリ度に注目して接していく必要があります。〈無理して行っている・飽きている・平然と行っている・目を輝かせている〉で評定します。

【持続時間】特定のこだわり行動が生起した際に、それが続く時間を〈延々と続く・比較的長く続く・一定の時間内で終わる・すぐ終わる〉で評定します。「一定の時間内で終わる」レベルや「すぐ終わる」レベルであれば、対処する緊急性は低いといえます。しかも、自分で「終える頃合いを知っている」ならば、〝自律的〟であるともいえて、評価する（ほめる）対象にもなります。

【変更】ＡＳＤの人が有している「柔軟性」と「介入の可能性」を推し量るべく設定された項目です。〈まったく変更が利かない・元に戻すことを前提にすれば変更が利くこともある・交換条件がよければ変更が

[レーダーチャート２／こだわり行動の分析]

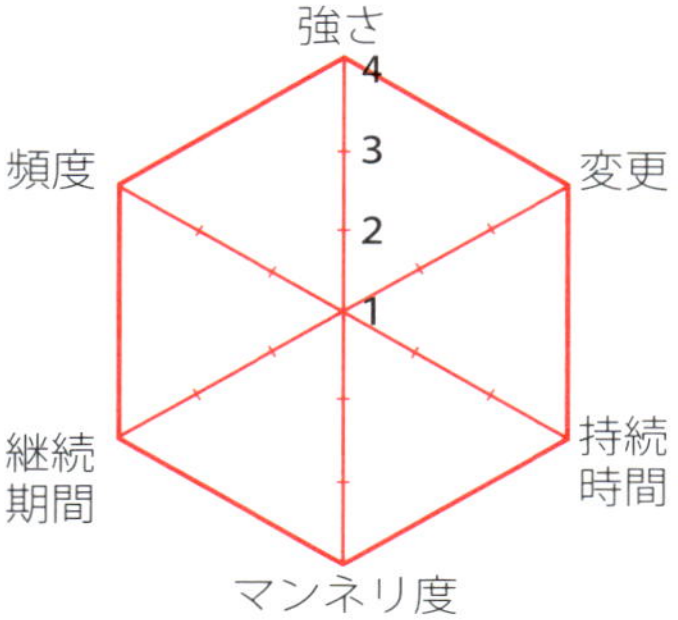

● **強さ**
4　3　2　1
激しく強い・強い・やや強い・弱い

● **頻度**
常に・ことあるごとに・ときどき・まれに

● **継続期間**
何年も・何か月も・何週間も・最近

● **マンネリ度**
無理して行っている・飽きている・平然と行っている・目を輝かせている

● **持続時間**
延々と続く・比較的長く続く・一定の時間内で終わる・すぐ終わる

● **変更**
まったく変更が利かない・元に戻すことを前提にすれば変更が利くこともある・交換条件がよければ変更が利くこともある・説明すれば変更が利く

利くこともある・説明すれば変更が利く〉で評定します。

2番目の「元に戻すことを前提にすれば変更が利くこともある」は、「変えない！」とかたくなになっている子どもに対しても、「元にちゃんと戻すから、ちょっとだけ貸して（動かして）ほしいな」と丁寧に交渉して、あきらめずに子どもの応対を引き出すことを前提としています。この交渉でこだわり行動の固さに〝柔軟性〟が出てきたら、3番目の「交換条件がよければ変更が利く」にチャレンジします。ここでは、提示する交換条件が〝よければ〟という前提がありますから、子どもが応じやすいような〝よい〟提示が必要になります。参考例としては、「テレビゲームをいったんやめて宿題に取りかかって終えられたら、スマートホンで10分間だけ、ゲームができる」というような〝やりとり（駆け引き）〟です。

このような〝やりとり〟が常にできるようになれば、いちばん難しい「まったく変更が利かない」レベルであっても徐々に「変更が利く」ように変化していきます。

レーダーチャートによるアセスメントで対処の方向性が見えてくる

以上のように、2種類のレーダーチャートを使って、アセスメントすることで、本人の問題のみならず、関係者や〝関係者との関係〟の問題なども浮き彫りにされてきます。そして、アセスメント結果を関係者間で共有し、協議することによって、こだわり行動を管理・操縦していく対処の方向性が見えてきます。

先生、相談です。

マネジメントの実際

高1　男子

ASD ＋知的障害

特別支援学校に在籍

28 こだわり行動が多すぎて、すべき作業が手につきません

息子には中度の知的障害とASDがあり、春から特別支援学校の高等部に通っています。学校では就労に向けての訓練も行われていますが、息子にはたくさんのこだわり行動があり、箱折りなどの作業が手につきません。先生方も対処できず、お手上げ状態のようです。

こだわり行動の中身を聞いてみると…

相談を寄せた親御さんから聞き取ったところ、先生方を悩ませた息子さん（光《ひかる》くん・仮名）のこだわり行動は、次のとおりです。

①朝学校にやってくると、真っ先にごみ箱をあさって紙くずを拾い集めること。
②その紙くずで、こよりを作ることに専念して、作業が手につかないこと。
③床をはい回り、落ちている髪の毛を拾い集めては口に入れてしまうこと。
④ほかの生徒や先生の腕まくりが気になって、直してまわること。
⑤1時間のうちに何度も水を飲みにいき、何回もトイレに通うこと。

⑥毎日、教職員全員に生年月日と住所を聞かなければ気がすまないこと。

まずは、聞き取りや実際の行動観察から状態を把握

私は光くんの学校を訪れて、授業（おもに作業風景）を参観し、先生方と面談を行って、情報を収集しました。それをレーダーチャート（下図）とともに、かいつまんで紹介します。

【こだわり】いろいろなこだわり行動がありましたが、どれも大変強いレベルにあり、総じて〈激しく強い〉と評定するほかありません。

【拡大性】〈中程度〉です。高等部に上がってから、「水飲みとトイレ通い」「教職員の生年月日と住所を聞く」などのこだわり行動が増えたのだそうです。

【ほかの楽しみ】〈まったくない〉でした。彼は事実、休憩時間もテレビやビデオを見ることもなく、音楽も聴かず、黙々とこよりを作って時間を送るのでした。

[光くんのレーダーチャート／生活とこだわり行動]

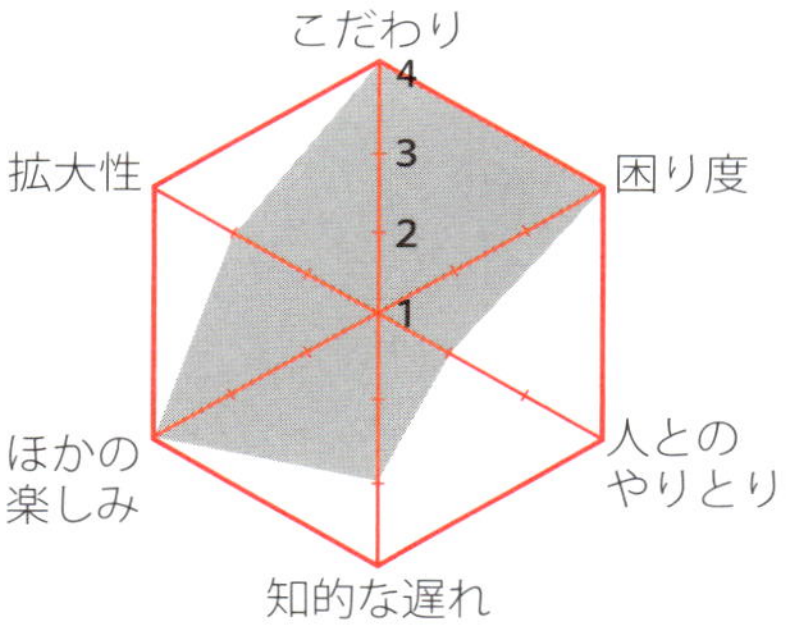

- **こだわり**
  4　3　2　1
  激しく強い・強い・ときどき・少ない
- **拡大性**
  大・中・小・ない
- **ほかの楽しみ**
  まったくない・1～2つはある・3～4つはある・たくさんある
- **知的な遅れ**
  重度・中度・軽度・ない
- **人とのやりとり**
  ほとんどできない・限定的にしかできない・多少できる・できる
- **困り度**
  非常に困る・とても困る・やや困る・困らない

先生、相談です。

【知的な遅れ】〈中度〉です。過去に行ったものですが、田中ビネー知能検査でIQが40でした。したがって、重度に近い状態といってよいと思います。

【やりとり】意外にも〈多少できる〉の評定です。実際、こよりに専念したり水飲みに走ったりなどのこだわり行動の最中でも、それを邪魔したり阻止したりしなければ、受け答えはできる状態にありました。私が参観した際も、「髪の毛は食べないで、こうしてガムテープにペタペタと貼りつけて、ごみ箱に捨てればいいよ」と提案しますと、彼は「テープにペタペタ？　くっつく？」と言ってニヤニヤしながら、私にならいガムテープに貼りつけて、ごみ箱に捨ててくれたのです。

【困り度】しかし、先生方の見方は、〈非常に困る〉というものでした。

要するに、光くんの状態像は、知的障害（重度に近い中度）によって理解できることや実際に行えることが少なく、趣味もないので、こより作りに専念せざるを得ない、というものでした。そして、先生方は、彼のこだわり行動の多さや増えていく状況に打つ手が見いだせないで、困り切っていたということが確認されました。

こだわり行動（こより作り）をどう分析するか…

次に、光くんの最大のこだわり行動である、こより作りについての分析をしてみましょう。同じくレーダーチャート（左下図）を用います。

【強さ】これに関しては、当然、〈激しく強い〉レベルにありました。

【頻度】〈ことあるごとに〉という高いレベルにあります。光くんは彼なりに「作業の合間」とか「休憩時間」にこより作りをしよう、と思っているようです。しかし区切りがつかず、作業よりも主になってしまい、問題視されました。

【継続期間】〈何年にもわたって〉行われていました。実際、彼のこより作りは、支援学校の小学部時代からずっと続いている年季の入ったこだわり行動なのです。

【マンネリ度】〈平然と行っている〉状態で、「飽きは生じていない」ということでもあります。前項の「継続期間」が長いにもかかわらずなので、光くんのこよりにかけるこだわりの〝意気込み〟は相当に大きいのです。

【持続時間】やはり〈延々と続く〉にチェックが入れられました。

【変更】評定はいちばん重い〈まったく変更が利かない〉です。こより作りにかける気持ちは大変に強く、「やめろ！」と言ってもやめることはありません。ほかに切り替えることもできない状態と思い知らされました。

[光くんのレーダーチャート／こだわり行動（こより作り）の分析]

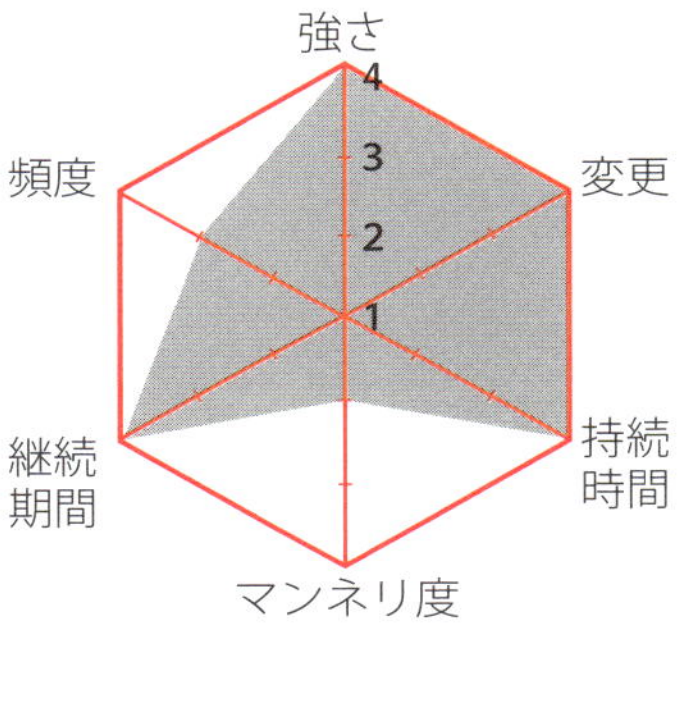

● 強さ
4　3　2　1
激しく強い・強い・やや強い・弱い

● 頻度
常に・ことあるごとに・ときどき・まれに

● 継続期間
何年も・何か月も・何週間も・最近

● マンネリ度
無理して行っている・飽きている・平然と行っている・目を輝かせている

● 持続時間
延々と続く・比較的長く続く・一定の時間内で終わる・すぐ終わる

● 変更
まったく変更が利かない・元に戻すことを前提にすれば変更が利くこともある・交換条件がよければ変更が利くこともある・説明すれば変更が利く

要するに、光くんにとってこのこより作りとは、激しく強いエネルギーが長い期間注がれ続け、頻度も高く、マンネリも飽きも生じていない、という、彼にとってはかけがえのない活動であることが判明しました。これは、「強み（Strength）」として評価をし直して、伸ばしていく方向性をもつべきだと考えました。

分析をもとに指導方針を立てる

以上のような現状分析から、私は、次のような指導方針を考えました。

①「こより作り」というこだわり行動を彼の「強み」としてとらえ、生かす作業を考えて編み出すこと。その際に、光くんの知的なレベルにも配慮すること。

②やりとりが「多少できる」状態にあるので、新しい作業をよく説明して、手順も丁寧に教え、適宜励まし、応対をきちんとほめ、意欲につなげていくこと。

③こより作り以外のこだわり行動に関しては、当面、静観しつつ、新しい作業での達成感や自信、やり甲斐《がい》が波及して、好転するのを期待して待つこと。

具体的な取り組みへ

指導方針にのっとり、「彼は〝こより作りしかやらない〟」というネガティブな見方を根本から改め、「彼は〝こより作りを長く続けることができる〟」という、ポジティブな評価をすることにしました。そして、作業学習の授業では、生徒に「箱折り」などの単純作業を一律にあてがうのではなく、個々人の好みやこだわりにも配慮した、個別対応型の作業を導入することとしました。当然、彼にはこより作りがベースとなる作業が考案されました。その結果、午前中にこよりを30本以上作り、午後は、そのこよりを用いてかごを編む、という作業に切り替えたのです。

先生方は、午後の作業への切り替えができるかどうか心配だったそうです。しかし、担任が「せっかく作ったこよりをほうっておかないで、大切に編んで、かごを作って、家のみんなに喜んでもらおう」と説明すると、彼は、「うん、わかった！喜んでもらおう！」と言って、かごの編み方を教わるようになったといいます。

マネジメントの成果が出て…

この一連の作業が定着した翌週の終わりには、光くんのごみ箱あさりがなくなりました。それは、こより作りが正規の作業となり、紙くずを拾い集める必要がなくなったからです。また、作業に集中することで手持ちぶさたの状況がなくなって、髪の毛拾いもなくなりました。気が向かない箱折り等の単純作業を強いられる、というストレスからも解放された彼は、頻繁な水飲みも頻尿も起こさなくなりました。

教職員へのしつこい聞き回りも腕まくり直しも「光くんがコミュニケーションを求めているんだ」という理解がなされることによって、教職員からの積極的な声かけ、励まし、賞賛がなされて、問題性が消失しました。

先生、相談です。

マネジメントの実際

小1 男子

ASD

通常の学級に在籍

29 （父親へのこだわりで）家と学校とであまりに様子が違います

家では言いつけに従順な息子が、学校では、先生が促しても板書を視写せず、サッカーの実況中継のような独り言に専念しているといいます。ほかの子とけんかになって仲裁に入った校長先生には、「うるせぇ、このやろーっ！」と暴言を吐いたそうです。家での様子とあまりに違い、どうしたものかと思います。

関係者協議で対応を協議

困ったお母さんからの相談には、以下の続きがありました。「そこで父親が授業参観日に行って息子の様子を見てきました。父親によると、父親が『黒板をノートに書き写しなさい』と命じれば「視写する」し、「黙って授業を聞きなさい」と注意すれば『独り言を我慢』して授業を受けていた、といいます。学校で悪者扱いされる息子がかわいそうです」。

4月の末、私はこの学校を訪れ、両親も交えて先生方と対応を協議しました。その際、両親や先生方から聞き取りをしてまとめたのが、息子さん（亮《りょう》くん・仮名）

のレーダーチャートです（左下図ほか。スペースの関係で一部の掲示にとどめます）。

レーダーチャートから明らかになったのは…

私は、先生や両親に「亮くんには、お父さんに対する一番こだわりが強くある（校長先生への暴言もそのため）」こと、「書かないこともこだわり行動の一つで、視写を拒んでいるのも〝始めない〟こだわりである」ことを告げました。

そして、「サッカーもこだわりのようですか」と尋ねますと、両親は「そのとおりです。しかも、亮が着たがる服の色は好きなサッカーチームのチームカラー（オレンジ）に限られています」と明かしました。

すると、先生が亮くんは給食時に強い偏食を見せることを指摘し、母親も「食べ物の好き嫌いがとても多い」ことを付け加えました。

私は、「偏食もこだわり行動の一つである」

[亮くんのレーダーチャート／生活とこだわり行動]

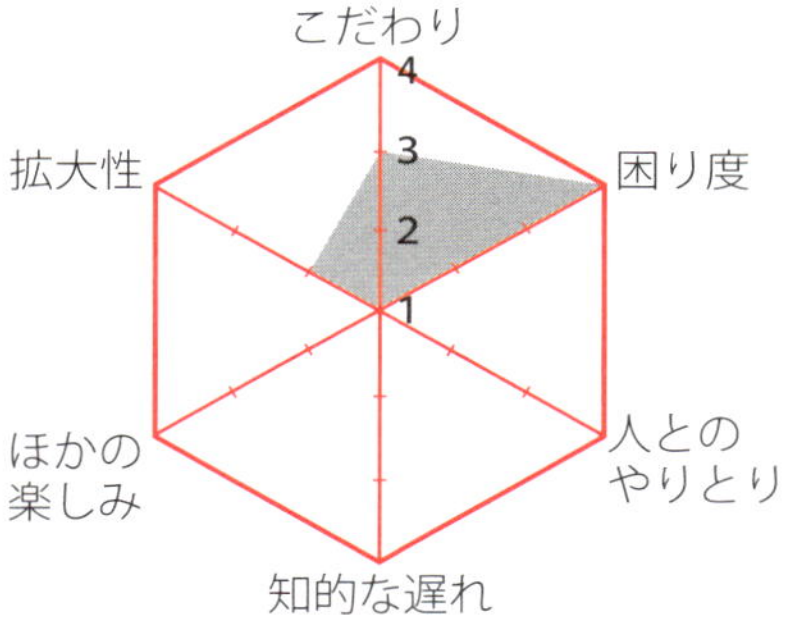

- **こだわり**
  4　3　2　1
  激しく強い・強い・ときどき・少ない
- **拡大性**
  大・中・小・ない
- **ほかの楽しみ**
  まったくない・1～2つはある・3～4つはある・たくさんある
- **知的な遅れ**
  重度・中度・軽度・ない
- **人とのやりとり**
  ほとんどできない・限定的にしかできない・多少できる・できる
- **困り度**
  非常に困る・とても困る・やや困る・困らない

ことを説明し、「亮くんについてみんなで情報共有すると、たくさんのこだわり行動をもっていることがわかりましたね」と締めくくりました。

レーダーチャートによる状態の判断は…

私は、「亮くんのレーダーチャート／生活とこだわり行動」の結果から、「亮くんのこだわりは総じて強く、結果、周囲の困り度は高い」が「拡大性は低く、こだわり行動のほかに楽しみがあり、知的な遅れもなく、人とやりとりができる状態」なので、「指導は十分に可能である」ものと判断しました。

レーダーチャートの分析からアドバイス

そして、「亮くんのレーダーチャート／父親に対する一番こだわりの分析」からは、強さ、頻度、継続期間、持続時間、変更のどれも高いポイントを示しているので、父親へのこだわりは〝大変に強い〟状況ととら

[亮くんのレーダーチャート／父親に対する一番こだわりの分析]

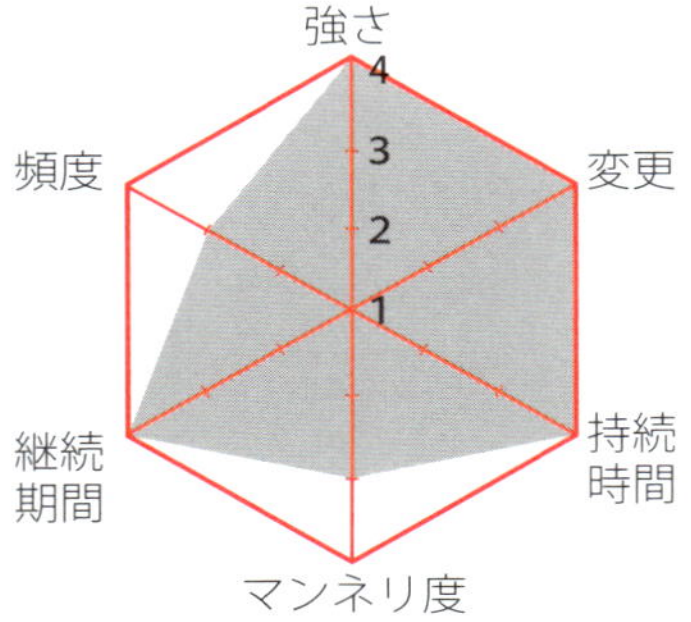

● 強さ
4　3　2　1
激しく強い・強い・やや強い・弱い

● 頻度
常に・ことあるごとに・ときどき・まれに

● 継続期間
何年も・何か月も・何週間も・最近

● マンネリ度
無理して行っている・飽きている・平然と行っている・目を輝かせている

● 持続時間
延々と続く・比較的長く続く・一定の時間内で終わる・すぐ終わる

● 変更
まったく変更が利かない・元に戻すことを前提にすれば変更が利くこともある・交換条件がよければ変更が利くこともある・説明すれば変更が利く

えました。

しかし、だからこそ、その〝強さ〟を利用して、「父親から亮くんに〝ほかの大人や先生の言うことを聞きなさい！〟と指示してもらえばよい」と提案しました。

実際、マンネリ度も高くなってきたようなので、「亮くんも父親以外の人の存在が気になる頃だ」と補足説明しました。

さらに、「亮くんのレーダーチャート／書かないこだわりの分析」では、「変更」という項目の「交換条件がよければ変更が利くこともある」にチェックが入れられたことを重く見ました。それは、先生が「図画のとき、クレヨンを提示したら、喜んで絵を描いてくれた」と証言したことに基づきます。

つまり亮くんは、保育園時代に使っていたクレヨンにこだわって、鉛筆を強く拒否して「書かなかった」という可能性が高まりました。

したがって、私は、両親に「亮くんの場合〝書かない〟のは、ＡＳＤの特徴で

［亮くんのレーダーチャート／書かないこだわりの分析］

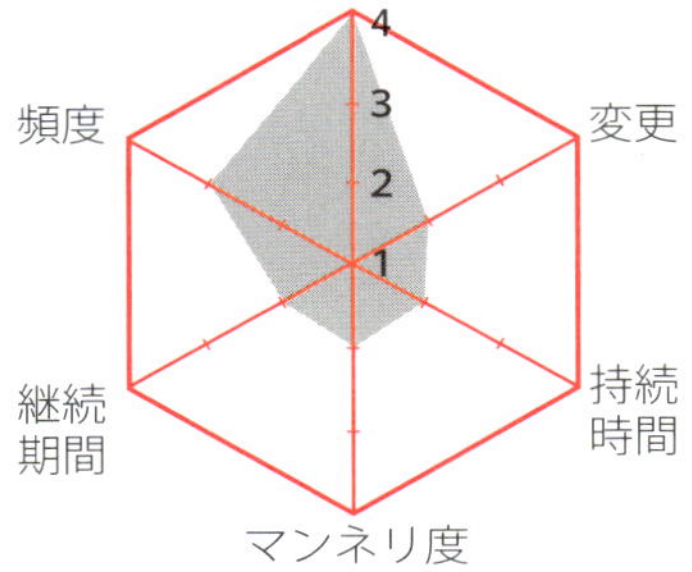

● 強さ
4　3　2　1
激しく強い・強い・やや強い・弱い

● 頻度
常に・ことあるごとに・ときどき・まれに

● 継続期間
何年も・何か月も・何週間も・最近

● マンネリ度
無理して行っている・飽きている・平然と行っている・目を輝かせている

● 持続時間
延々と続く・比較的長く続く・一定の時間内で終わる・すぐ終わる

● 変更
まったく変更が利かない・元に戻すことを前提にすれば変更が利くこともある・交換条件がよければ変更が利くこともある・説明すれば変更が利く

あるこだわり行動によるもので、叱って書かせるものではない」と前置きをして、「太くて小さい幼児用の鉛筆を筆箱に入れて〝クレヨンみたい〟だから、これを使おう、と言い聞かせてください」とお願いをしました。

マネジメント効果は明らか

父親が亮くんに「担任の先生は昔、サッカー部に属して活躍したこと」や亮くんと同じ「サッカーチームが好きで、チームカラーのオレンジも好きだ」ということを伝えました。そして、「だから、お父さんは先生のことが大好きだし、先生を尊敬するし、お父さんも先生の言うことなら聞く」という宣言をしました。

すると亮くんは「じゃぁ、僕もそうする」と言って、以来、担任の先生の話に耳を貸すようになりました。後日、担任の先生がYシャツの下にサッカーチームのTシャツを着ていることが判明すると、なおのこと、亮くんは先生をリスペクトするようになった、といいます。

一方、「書かない」ことは、「クレヨンのような鉛筆」を使用することでうまく克服されました。今では、「廃棄寸前の使い古されたチビ鉛筆」を亮くんは集めてまわり、楽しく学校生活を送っています。

コラム

こだわることで

本シリーズ第1巻『思いを育てる、自立を助ける』の著者である明石洋子《あかしようこ》さんは、ご子息の徹之《てつゆき》さんのいろいろなこだわり行動に翻弄されながら、「こだわりを利用する」ことで自立に必要なことを教える方針に行き着きました。そして、みごと、徹之さんを自立生活に導きました。

『自閉症のきみの心をさがして』（ぶどう社）の著者でシンガーソングライターのうすいまさとさんは、ご子息の直人《なおと》さんの「こだわりを増やす」ことで、不安を減らし、興味を増やしていこうと決心して育児に臨みました。それは、直人さんのさまざまな才能を引き出すとともに、新たな可能性を広げています。

『自閉症感覚』（日本放送出版協会）の著者で、牛の飼育方法にこだわって研究を重ねた結果、大学の教授に就いたテンプル・グランディン博士は、こだわりは仕事になる、自分はこだわりがあったから成功した、と述べています。

先生、相談です。

マネジメントの実際

6歳 男子

ASD

保育園に在籍

30 こだわり行動を邪魔されるとパニックになります

こだわり行動が止められたり、こだわっていることを変更させられたりすると、決まってパニックになります。ひどく泣き叫んで、知らない人が見たら驚くほどの騒ぎです。いったん始まったら、家族でもどうしようもありません。どうしたらいいでしょう。できればパニックにはならないようにさせたいのですが……。

パニックとこだわり行動は密接に関係している

ＡＳＤの子どもの大きな問題として、こだわり行動とパニックがよく挙げられます。この二つの行動は、相談にあるとおり密接に関係していて「こだわり行動が阻止された」とか「変更させられた」ことによって、パニックの発生につながることが多いようです。

そのことから、こだわり行動とパニックについて一緒に考えていきましょう。

ＡＳＤの人のパニックは深刻

一般的にパニックは、焦りとかとまどい、緊張、動揺などの同義語として用いられることが多いようです。

それに対して、ASDの人が陥るところのパニックは、ひっくり返って泣き叫ぶ、「ギャーッ」という大きな奇声を発する、自分をバンバンとたたく自傷行為が伴う、などの錯乱状態をさします。そのために、ASDの人たちはパニックに陥るごとに深く傷ついてもいき、トラウマが生まれ、フラッシュバックにもさいなまれるようになっていきます。

このように、ASDの人のパニックは、深刻です。したがって、近年、米国ではASDの人のパニックを「メルトダウン」と称して、一般的なパニックとは区別するようになっています。

以上のことなどを含めて、理解と支援のためにASDの人のパニックを定義づけしました（下の表参照）。

[ASD の人のパニックの定義]

突発的な事故や変更、不安、恐怖、強圧場面に遭遇して、気が動転して慌てふためくが、対応できずに、錯乱状態になって、絶叫したり、泣きわめいたり、暴れ回ったり、自傷したり、時に他害に出たり、凍り付くこともあって、周囲からの声がけやサポートを一定時間受けつけられない状態に陥ること。この嫌な体験がトラウマになりフラッシュバックも起きやすくなって以後、頻繁にパニック状態に陥るようになる。

引用：白石雅一「自閉症スペクトラム障害（ASD）のパニック 総論」『アスペハート』Vol.35（アスペ・エルデの会、2013 年）
白石雅一「自閉症スペクトラム障害の子どものパニック―その理解と対応」『発達教育』7 月号（発達指導協会、2014 年）

パニックに陥らせないために

ＡＳＤの人のパニック対策の第一は、何といっても「パニックに陥らせないこと」です。「できればパニックにはならないようにさせたい」とおっしゃっているとおりですね。

理由は繰り返すまでもありません。私たちは、ＡＳＤの人たちが「こだわり行動を阻止された」「変更を余儀なくされた」ことでパニックに陥りやすいことを知っています。したがって、それらを避けることでパニックの回避にもなり得るのです。

具体策を次に示します。

①ＡＳＤの人のこだわり行動をむげに止めない、衝動的に叱らない。
②突然の予定変更は行わない。
③思いつきの提案や突発的な実施も行わない。
④ＡＳＤの人のこだわり行動が状況にそぐわないとか、大きな問題に発展しそうな場合は、事前に説明しておくことや、あらかじめ代替案や代替物を用意しておくことで混乱を避ける。
⑤こだわり行動が激しく強く、説明や説得を聞き入れられない状況では、ひとまず、大人（親や支援者）がこだわり行動を受け入れてみせて、状況を収め、後刻、改めて今後の対処計画を練る。

要するに、対応に配慮し、環境を整えられれば、ＡＳＤの人のパニックはほとんど回避することができるのです。

パニックに陥ってしまったら…

しかし残念なことに、もし、ASDの人がパニックに陥ってしまったなら、次のような対応を心がけてください。

①パニックに陥る原因（たとえばこだわり行動を止めたこと）をつくった張本人では、ASDの人のパニック状態（錯乱状態）は治められない、と見ます。よって、対応は第三者に交代して行ってもらいましょう。

②二次被害が起きないように、他者を避難させ、物を投げたりこわしたりしないように危険物をのけましょう。

③安全な場所を確保し、または、移動して、パニック状態にあるASDの人を優しく介抱するようにして、座らせて、「もう大丈夫、大丈夫」と声をかけながら、落ち着くまで待ちましょう。

④その際、「どうして？」とか「なぜ怒ったの？」と聞くことはしません。なぜならば、それは、暗に本人を拒否するような意味を含み、反省を強いることにもなるので、逆効果となってしまうからです。

⑤ASDの人が落ち着いたなら、本人の意思を確認して、それに沿うように優しく応じていきましょう。

コラム

「こだわりハッピーノート」の勧め

今、教育や福祉の分野で「サポートブック」の作成が進められています。これは、発達障害をもつ子どもの特徴や配慮点、通院歴や処方の内容、療育や教育の記録などを1冊のバインダーに収めて、所属する機関が変わるたびに、このバインダーも一緒に引き継いでいくものです。これを学校や家庭で共有し、第三者による発達障害の子どもへの関与、支援の際にも活用します。先生や支援者のため、だから「サポートブック」なのです。

それに対して、ASDの子どもたちのため、に「こだわりハッピーノート」を提案します。

それは、ASDの子どもが大好きでこだわっているアニメのキャラクターやロゴ、マークなどを描いてあげたり、シールを貼ったり、新聞や雑誌記事をスクラップしてあげて、ファイルして〝持ち歩かせる〟ノートのことです。

ASDの子どもが不穏な感情に陥ったり、悲しくなったり、つらくなったり、ストレスフルであっぷあっぷになったりしたとき、このノートを開けば、「自分好みのワールド」が目の前に広がって、途端に「ハッピーな気分にひたれる」という効果をねらっています。

ストレスを感じたとき、好きなことや物を思い浮かべるだけで危機を回避できる、というマインドフルネスの方法にも似ていますので、参考にしてください。

[こだわりハッピーノートの構成例]

①好きな色（紙）
②好きなキャラ
2穴リングのバインダーで
○○君（さん）のハッピーノート 2018～
③好きな言葉・フレーズ
「毎度新幹線をご利用くださいまして、誠にありがとうございます」

「次は、品川、品川、品川に停車いたします」

「海ぞく王におれはなる!!」

「ジャロってなんジャロ」

「熱、のど、鼻に○○が効く」
④好きな手ざわり
モアモア
ツルツル
ザラザラ
モチモチ
⑤好きな車の切りぬき
⑥はげましの4コマまんが
①かいじゅうあばれまわる
②人々はにげまどう
③正義の味方○○くん登場！
④かっこよくかいじゅうをやっつける！
カッコイイ!
きみは、ヒーローだ
キャアー
正義は勝つ！
⑦自分へのごほうびシール
ごほうびシール
車のシール
⑧このノートの使い方
★おやくそく
①休み時間のリフレッシュに読もう
②つらいとき、かなしいときに、自分をはげますために読もう
③授業中は読んではだめ。休み時間までがまんしよう
④好きなこと、得意なことをシールもページもふやしていこう！
休み時間
つらいときかなしいとき
×《バツ》
授業中は
ルンルンルン
またふえたぁ！

イラスト：著者

家庭におけるこだわり行動 50 選

変えない

1 おもちゃや絵本の置き場を変えさせない
2 好みの服や靴を替えたがらない
3 家での日課やスケジュール、予定の変更が受け入れられない
4 きょうだいの中で何に関しても自分が一番でないと気がすまない
5 父親もしくは母親を「一番」と決めたら、その人にしか従わない
6 おむつからトイレ排泄に切り替わらない
7 家でのおやつは○○（品種やメーカー等）と決めている
8 自分が使う食器を変えない
9 食事の際にごはんやおかずみそ汁、漬け物等の食べる順番を決めている
10 親の眼鏡や髪型が変わると激しく怒る
11 宿題は○分間、お風呂は○分間、テレビは○分間と常に時計を見ながら生活する
12 テレビの視聴は内容でなくチャンネルで決めて、それを変えない
13 居間や車の座席を変えないで、来客にもそこを譲らない
14 一緒に寝ている母親の寝相も変えさせない
15 引っ越しに抵抗し、祖父母との同居を拒む
16 自分にかかわる人間を固定化する
17 相手の印象、特に悪い印象を変えない（根にもつ）

やめない

18 砂遊びをやめられない
19 ぶらんこに乗ったら他児に譲れないし降りられない
20 水で遊び始めたら、全身ずぶ濡れになってもやめない
21 プールやお風呂から上がれない
22 描き出したら紙がなくなるまでずっと描き続ける
23 ミニカーなどを並べ始めると全部並べないと気がすまない
24 DVD や CD を視聴し始めたら、途中でやめられない
25 ずっと同じ CM のフレーズを口ずさむ
26 一度物をこわし始めると、歯止めがかからずこわし続ける
27 虫刺され跡やかぶれた場所をかきこわしてもかき続けてしまう
28 箱入り、袋入りのお菓子は、食べ尽くすまでやめられない
29 牛乳もジュースも麦茶も容器が空になるまで飲み続ける
30 買い物先のデパートで全館のトイレを見てまわらないと気がすまない
31 反芻やゲップをやめない
32 唾吐き、唾ためをやめない
33 気に入らないことがあるとずっと文句を言い続ける
34 弟や妹等、立場の弱い特定の子に対する攻撃をやめない

始めない

35 新しいおかずには手を出さない
36 外出先のごはんを受けつけない
37 デパートや遊園地に誘っても新規な場所だと拒絶する
38 見知らぬ場所だと車から降りない
39 外出先のトイレは使わない
40 外出先のお風呂やシャワーは使わない
41 新しい衣類は着たがらない
42 新しい靴は履きたがらない
43 新しい枕や寝具を使わない
44 新しいおもちゃを買ってあげても喜ばない
45 新築の家を拒絶して中に入らない
46 新しいことを教えても上の空のことが多い
47 新しく出会った人の顔や名前を覚えない
48 新年度、新学期、新入学の時期、いつも不安定な状態に陥る
49 弟や妹の誕生を喜ばず、受けつけない
50 人との新しい出会いを喜ばない

学校におけるこだわり行動52選

● 変えない

1 通学路を変えない
2 寄り道するコースを変えない
3 日課や時間割の変更に抵抗し混乱する
4 体育の授業になっても体操服に着替えない
5 同じ色やデザイン、マーク等にこだわって、そればかり着てくる
6 自己流の書き順に執着して、字を書く
7 下書きをなぞる書き方から脱せない
8 何年生になっても同じレベル、内容、構図の絵を描く
9 最初に指名されること、最初に順番がくることを強く望む
10 一番に執着し、一番になれないと怒ったり、暴言を吐いたりする
11 100点満点に固執するので、結果、いつも一番でなければ気がすまない
12「偉い」もしくは「怖い」ととらえた先生の指示にしか従わない
13「一番にはしないで！」と常に願って、人のあとにまわろうとしている
14 特定の先生に依存して離れられない
15 同じ友達と常に一緒にいようとする
16 給食で「食べない」と決めているメニューがある
17 給食でお代わりする回数を決めていて、かなわないと怒り出す
18 教室の変更を受け入れられない
19 クラス替えをすると大きく動揺する
20 担任の交替が受け入れられない
21 学年末や新学期は変化が多いので、耐えられず、調子を大きく乱す

● やめない

22 校庭のぶらんこ遊びがやめられない
23 落ちている石や虫の死骸を集め続ける
24 飼育小屋で餌やりを始めると、授業になってもやめられない
25 体育館のトランポリンから降りない
26 プールに入ったら上がってこられない
27 一度立ち上がると授業中にもかかわらず、立ち続けてうろうろする
28 音楽の時間が終わってもずっと楽器をいじっている
29 図工の授業が終わっても粘土をずっといじっている
30 絵を描き出すとお絵描きをやめない。
31 はさみや定規、コンパスを一度使うと、ずっと使っている
32 授業中に好きな事柄に遭遇するとそのテーマでしゃべり続ける
33 気に入らないことがあるとずっと文句を言っている
34 特定の子への暴言やいやがらせをやめない
35 誰かの髪の毛や頬の感触が気に入ると常に触りたがる
36 帽子やフードをかぶってきたら、かぶったままで一日を過ごす
37 口に唾をため続けて授業を受けている

● 始めない

38 1年生のときから集団登校を受けつけない
39 教科書、ノートを机の上に出さない、置かない
40 まっさらなノートを使いたがらない
41 黒板を視写しない
42 新しい単元の学習を覚えたがらない
43 体操帽をかぶらない
44 一度覚えた楽器以外は、触らない
45 給食のメニューを受けつけない
46 学校のトイレや校外のトイレは使わない
47 新しいクラスメイトや新任の先生の名前は覚えない
48 新しい絵本や教材、ビデオなどを喜ばない
49 新設の教室やスペースには入りたがらない
50 遠足や野外活動をいやがる
51 合宿や修学旅行に参加したがらない
52 掃除等の当番を無視する

おわりに ― 大人になっても忘れないこだわり、しかし、新しいことも好き ―

20年ぶりに、以前、療育現場で担当していたASDの青年に会うことができました。ジャケットを羽織りたたんだコートを腕に引っかけて立つ彼のいでたちは、紳士然としていて、ジャンパー姿の私よりもとても立派に見えました。手土産もいただいて、世間話に花が咲いたのち、一緒に食事をすることになりました。

ここまでは、真に成長した彼の現状を知って、私の胸は喜びでいっぱいでした。

ところがです。仙台名産の牛タンを注文して料理を待つ間、ちょっと会話が途切れた次の瞬間、彼の〝よそゆき〟の表情が一変して、〝昔あのときの幼い顔〟に戻って、「白石先生、舘《たち》ひろしさんと柴田恭兵《しばたきょうへい》さんって、何のテレビに出ていたんでしたっけ？」という質問を始めたのでした。

「きたかぁ！」と私は心の中で叫びました。その質問は、前出の俳優二人が主役のドラマ「あぶない刑事《デカ》」を巡る一連の流れを有しています。私が「あぶないデカ！」と答えますと、もう彼は舞い上がって、声を裏返して「タカさんとユージのほかに誰が登場しましたっけ？」と定番の質問をしてきます。それに私が「そうそう、俳優の仲村《なかむら》トオルが……」と言って言葉に詰まると、彼はヨダレを吸い上げながら、「プリティ町《まち》田《だ》！」と絶叫してしまい、店内で一斉に注目を浴びることになりました。しかし、彼のモードはハイテンションに切り替わったままで、食事もそこそこに、この「あぶない刑事」にまつわる話が延々と続くのでした。

彼は「仕事があるから」ということで、私との再会は2時間程度のものとなりました。新幹線の駅まで見送ると、彼は「今日はものすごく楽しかったです！　今年もう一回仙台に来て、リフレッシュしたいと思いました。またよろしくお願いします！」と言って帰って行きました。そして、宣言どおり、約半年後に再来した彼は、「白石先生、舘ひろしさんと柴田恭兵さんって？」という質問をうれしそうにまた始めるのでした。

次は最近私がかかわったケース（ＡＳＤの子ども）です。何にでもこだわる、ということだったので、初回療育時に使ったおもちゃや教材は全部そろえて、2回目のセッションを迎えたのでした。その子は、見慣れたおもちゃと教材に安心して、穏やかに私とのやりとりの時間を過ごしていきました。ある程度能力が高い子どもなので、一度経験した教材による課題は、簡単に遂行されていき、時間が余る事態となりました。そこで、私が準備してあった〝新しい課題〟を提示しますと、その子は嬉々《きき》としてそれに食いつき、集中して応対し、成し遂げ、私に大いにほめられて、大きな達成感と満足感を味わっていきました。

翌月、プレイルームに走ってやってきた子ども。後ろで両親が「前回の帰り道から本日まで、この子はずっと、〝白石せんせいと勉強する！　勉強する！〟と言い続けてきました」とうれしい報告をしてくれました。そして、その子は、席に着くなり、もう以前のおもちゃや教材に触れることなく、「白石せんせい、今日は何のお勉強？　なに？　なに？」とワクワクしながら私の一挙手一投足を見詰めるのでした。

以上、ＡＳＤの人は〝こだわりが心のオアシスになっている〟ということと、ＡＳＤの子どもでも〝こだわりに満足すると新しい事柄にチャレンジする気持ちをもつ〟ということの一端を示す事例であります。前者の場合、彼らのこだわり行動につきあうことだけで、カウンセリングに匹敵する効果が得られることがわかりました。後者の場合は、環境が整えばＡＳＤの子どもは新しもの好き、という新発見の出来事でもありました。どうぞ、育児や教育の参考にしてください。

最後に、私をここまで育ててくれた恩師、石井哲夫《いしいてつお》先生と、叱咤激励《しったげきれい》してくれた師匠、片倉信夫《かたくらのぶお》先生に心から感謝の気持ちを申し上げさせていただきます。そして、本書を天国に眠る両先生にお捧げいたします。

天国の母への報告も兼ねて

白石雅一

参考図書

- American Psychiatric Association 編／日本精神神経学会 日本語版用語監修／髙橋三郎・大野裕監訳／染矢俊幸・神庭重信・尾崎紀夫・三村將・村井俊哉訳『DSM-5 精神疾患の分類と診断の手引』（医学書院、2014 年）
- 明石洋子『発達障害の子の子育て相談①　思いを育てる、自立を助ける』（本の種出版、2017 年）
- 石井哲夫・白石雅一『自閉症とこだわり行動』（東京書籍、1993 年）
- うすいまさと『自閉症のきみの心をさがして──シンガーソングライターパパの子育て』（ぶどう社、2010 年）
- くすはら順子・上村千栄著／ようふゆか絵『うたってかいてけせるえほん１　音のでるえかきうた』（ポプラ社、2001 年）
- 白石雅一『自閉症・アスペルガー症候群とこだわり行動への対処法』（東京書籍、2008 年）
- 白石雅一『自閉症スペクトラム 親子いっしょの子どもの療育相談室』（東京書籍、2010 年）
- 白石雅一『こだわり行動への対処法　こだわり行動攻略 BOOK』（アスペ・エルデの会、2010 年）
- 白石雅一『こだわり行動攻略 BOOK　子ども用ワークブック　やってみよう！　ためしてみよう！』（アスペ・エルデの会、2010 年）
- 白石雅一『自閉症スペクトラムとこだわり行動への対処法』（東京書籍、2013 年）
- 白石雅一「自閉症スペクトラム障害（ASD）のパニック 総論」辻井正次編集責任『アスペハート』Vol.35 特集 パニックにはこうして対応する（アスペ・エルデの会、2013 年）
- 白石雅一「自閉症スペクトラム障害の子どものパニック──その理解と対応」『発達教育』７月号（発達指導協会、2014 年）
- 白石雅一「自閉症スペクトラム障害（ASD）の支援計画のためのアセスメントの活用」辻井正次監修『発達障害者支援とアセスメントのガイドライン』（金子書房、2014 年）
- 白石雅一「好きなことで生きていく──歴史と実践例と展望」辻井正次編集責任『アスペハート』Vol.40 特集 好きなことで生きていく（アスペ・エルデの会、2015 年）
- 白石雅一「こだわり行動のアセスメントとつまずきに対する方向付け」下山晴彦・村瀬嘉代子・森岡正芳編著『必携発達障害支援ハンドブック』（金剛出版、2016 年）
- 白石雅一「自閉スペクトラム症のこだわりを理解し支援する」『児童心理』No.1028 特集 こだわりの強い子；発達障害における「こだわり行動」の理解と支援（金子書房、2016 年）
- 白石雅一「被災後の復興支援におけるペアレント・プログラム」『チャイルドヘルス』Vol.20,No.6 特集 ペアレント・プログラム（診断と治療社、2017 年）
- 白石雅一『ASD や ADHD をもつ人のための　整理整頓おたすけブック』（アスペ・エルデの会、2017 年）
- 辻井正次・吉橋由香・田倉さやか・林陽子『きちっと君の練習帳１』（アスペ・エルデの会、2009 年）
- 辻井正次・吉橋由香・田倉さやか・林陽子『きちっと君の練習帳２』（アスペ・エルデの会、2009 年）
- テンプル・グランディン著／中尾ゆかり訳『自閉症感覚──かくれた能力を引きだす方法』（日本放送出版協会、2010 年）
- 中邑賢龍『育てにくい子は、挑発して伸ばす』（文藝春秋、2017 年）

著者紹介

白石雅一（しらいし　まさかず）

宮城学院女子大学教育学部教育学科教授。1964 年埼玉県生まれ。日本社会事業大学大学院修士課程修了。社会福祉法人嬉泉《きせん》「袖ケ浦ひかりの学園」「子どもの生活研究所」、東海大学健康科学部や仙台白百合女子大学人間学部を経て現職。1997 年から「子どもの療育相談室」を主宰。仙台市学校生活支援巡回相談員、宮城県発達障害者支援センター「えくぼ」心理相談員なども務める。臨床心理士、介護福祉士。

おもな著書に『自閉症とこだわり行動』（共著、東京書籍、1993 年）、『自閉症スペクトラム親子いっしょの子どもの療育相談室』（東京書籍、2010 年）、『こだわり行動への対処法　こだわり行動攻略BOOK』（アスペ・エルデの会、2010 年）、『こだわり行動攻略 BOOK　子ども用ワークブック　やってみよう！　ためしてみよう！』（アスペ・エルデの会、2010 年）、『自閉症スペクトラムとこだわり行動への対処法』（東京書籍、2013 年）、『ASD や ADHD をもつ人のための　整理整頓おたすけブック』（アスペ・エルデの会、2017 年）などがある。

発達障害の子の子育て相談④
こだわり行動
理解と対処と生かし方

2018 年 4 月 14 日　初版第 1 刷発行
2020 年 10 月 30 日　初版第 2 刷発行

著　者　白 石 雅 一
発行人　小 林 豊 治
発行所　本の種出版

〒 140-0013　東京都品川区南大井 3-26-5　3F
電話 03-5753-0195　FAX 03-5753-0190
URL http://www.honnotane.com/

本文デザイン　小林峰子
イラスト　えのきのこ、白石雅一
DTP　アトリエ RIK
印刷　モリモト印刷

ISBN 978-4-907582-09-8
Printed in Japan

発達障害の子の子育て相談シリーズ

A５判・２色刷り・160 ～ 184 p

第１期

❶ 思いを育てる、自立を助ける

著者：明石洋子

❷ 就学の問題、学校とのつきあい方―恐れず言おう、それは「正当な要求」です！

著者：海津敦子

❸ 学校と家庭で育てる生活スキル

著者：伊藤久美

❹ こだわり行動―理解と対処と生かし方

著者：白石雅一

❺ 性と生の支援―性の悩みやとまどいに向き合う

編者：伊藤修毅　著者："人間と性" 教育研究協議会　障害児・者サークル

❻ キャリア支援―進学・就労を見据えた子育て、職業生活のサポート

著者：梅永雄二

以下続々刊行予定